感谢中国博士后科学基金面上资助项目(2020M682532)、河南省哲学社会科学规划项目（2021BJJ085）、河南省重点研发与推广专项（软科学研究）项目（222400410020）和河南省高等学校青年骨干教师培养计划(2020GGJS281)的资助

高新技术企业认定与企业创新

许玲玲 ◎ 著

中国财经出版传媒集团

经济科学出版社

Economic Science Press

图书在版编目（CIP）数据

高新技术企业认定与企业创新/许玲玲著．--北京：
经济科学出版社，2022.7
ISBN 978－7－5218－3767－4

Ⅰ.①高⋯　Ⅱ.①许⋯　Ⅲ.①高技术企业－认定－研
究－中国②高技术企业－企业创新－研究－中国　Ⅳ.
①F279.244.4

中国版本图书馆 CIP 数据核字（2022）第 108276 号

责任编辑：王柳松　朱明静
责任校对：徐　昕
责任印制：王世伟

高新技术企业认定与企业创新

许玲玲　著

经济科学出版社出版、发行　新华书店经销
社址：北京市海淀区阜成路甲 28 号　邮编：100142
编辑部电话：010-88191441　发行部电话：010-88191522
网址：www.esp.com.cn
电子邮箱：esp_bj@163.com
天猫网店：经济科学出版社旗舰店
网址：http://jjkxcbs.tmall.com
北京季蜂印刷有限公司印装
710×1000　16 开　12.75 印张　220000 字
2022 年 9 月第 1 版　2022 年 9 月第 1 次印刷
ISBN 978－7－5218－3767－4　定价：65.00 元

前　言

高新技术企业是科技创新和实现新旧动能转化的主力军,是高质量发展的主要动力源,是国家实施创新驱动发展战略的重要抓手。本书以高新技术企业认定政策为研究对象,以 2008~2020 年沪深 A 股高新技术上市公司为样本,采用多元回归分析方法,主要研究高新技术企业认定对企业创新的影响及经济后果。主要研究结论包括以下三个方面。

(一)高新技术企业认定显著促进了企业创新投入和创新产出增加。进一步检验发现,在市场化水平较低、非国有经济发展水平较低、要素市场发育水平较低和中介组织发育水平较低的地区,高新技术企业认定对企业创新投入和创新产出的促进作用更加显著。

(二)高新技术企业认定通过降低企业税收负担、增加政府补贴、增加短期借款和高技能人力资本,促进了企业创新。进一步检验发现,获得高新技术企业认定次数更多的企业,高新技术企业认定对企业创新投入和创新产出的促进作用更加显著。

(三)通过高新技术企业认定后,企业创新增加越多的企业,市场竞争力和市场价值也越高。

本书不仅在理论上有助于从信号传递理论视角丰富和拓展高新技术企业认定的经济后果的相关研究,从信息不对称理论视角丰富和拓展政府创新政策的经济后果的相关研究,还有助于从产业政策视角丰富和拓展企业创新影响因素的相关研究。在实践上还有助于为科学评价高新技术企业认定政策的有效性提供理论依据和政策参考,有助于为引导企业主动申请高新技术企业认定提供实证经验证据。

目　录

第一章

绪　论

为了促进我国高新技术产业的发展，提高我国的科技竞争力，从 20 世纪 90 年代开始，我国政府开始进行高新技术企业认定并对认定标准进行了多次修订，目的在于通过税收优惠政策和其他配套措施扶持企业创新，不断提高我国企业自主创新能力。本章首先分析了高新技术企业认定政策的理论背景和现实背景，指出了本书的研究目标和研究意义，构建了本书的研究框架结构和研究内容，用双重差分方法、PSM 方法和多元回归分析方法等阐述本书的研究方法，最后指出了本书的研究创新与研究不足。

第一节　研究背景

内生增长理论指出，技术创新是经济增长的原动力（Solow，1956）。公共产品理论指出，由于企业创新具有公共物品的正外部性，企业虽然承担了创新的全部成本，但是从创新中获得的私人收益却低于社会收益，研发投资的正外部性导致企业不能独占全部创新收益或无法阻止技术外溢，这种市场失灵导致企业创新投资低于社会最优水平，从而损害了社会福利（Arrow，1962；Stiglitz，1989）。而且企业创新即使成功申请了专利，但专利是否能够顺利转化为经济价值依然存在很大的不确定性（Nanda & Rhodes-Kropf，2013）。例如曼斯菲尔德等（Mansfield et al.，1977）发现工业企业进行技术创新所创造的社会效益远远超过企业自身获得的收益。琼斯和威廉姆斯（Jones &

Williams, 1998) 发现一项优质发明专利带来的社会回报率基本可以达到私人回报率的 4 倍。因此, 为了实现经济高质量发展, 政府就需要对企业创新进行扶持, 以降低企业创新活动中的高成本和高风险, 从而调动企业创新热情和动力 (Freeman, 1987; Eberhart et al., 2008)。

近年来国际科技竞争日益加剧, 自主创新能力已经成为一个国家可持续发展的核心竞争力。从 20 世纪 90 年代以来, 瑞士、美国、德国和韩国等都采用财政补贴、税收优惠、金融扶持及人才培养等措施鼓励企业创新和高新技术企业的发展 (OECD, 2011)。事实证明, 这些措施极大促进了这些国家企业创新能力的提高, 促进了国家经济结构转型和国际竞争力的提高。世界发达国家凭借强大的技术优势和市场优势, 在国际科技竞争中长期处于垄断地位。根据康奈尔大学、欧洲工商管理学院和世界知识产权组织等部门联合发布的《2020 年全球创新指数: 谁为创新出资?》, 瑞士、瑞典、美国、荷兰和韩国等高收入经济体位居全球创新指数 (GII) 的前十名, 中国 2019 年和 2020 年连续两年排名第 14, 是 GII 前 30 位中唯一的中等收入经济体, 但 2020 年中国 GII 仅为 53.28 分, 不仅小于 GII 排名第 10 的韩国 (56.11 分), 更是远小于排名第 1 的瑞士 (66.08 分); 在创新投入次级指数排名中, 中国得分 55.51 分, 排名 26, 远小于排名第 1 的新加坡 (70.20 分), 而且根据科技部统计数据, 2019 年中国试验与发展 (R&D) 经费总量首次超过 2 万亿元, 仅次于美国位居世界第 2, 但 R&D 经费投入强度仅为 2.23%, 依然小于部分发达国家水平, 如图 1 - 1 所示。同时, 虽然中国本国人专利申请量、实用新型、商标、外观设计和创意产品出口保持世界第一, 但在创新质量指标中, 中国多局同族专利数远远小于 49 个高收入经济体的平均值, 说明中国创新质量距离世界发达国家尚存在较大差距, 中国本土企业的自主创新能力严重滞后于经济发展需求 (张杰等, 2011)。因此, 中国要在激烈的国际科技竞争中掌握主动权, 就必须加大研发投入, 提高自主创新能力, 在关键核心技术领域拥有自主知识产权, 造就一批具有国际经济竞争力的企业, 从而大幅提高国家竞争力。

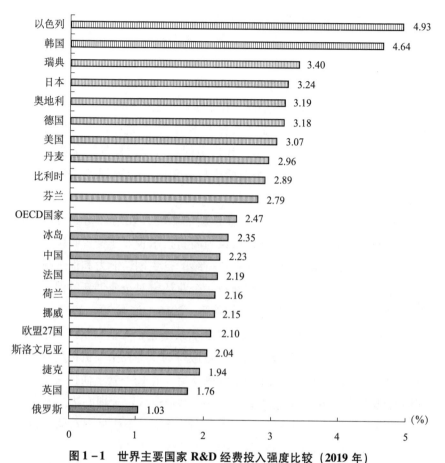

图 1 – 1 世界主要国家 R&D 经费投入强度比较（2019 年）

资料来源：笔者根据科技部《2019 年我国 R&D 经费投入特征分析》整理而得。

高新技术企业是科技创新和实现新旧动能转化的主力军，是高质量发展的主要动力源，是国家实施创新驱动发展战略的重要抓手。为了大力发展高新技术产业，提高我国企业自主创新能力，我国政府从 1991 开始认定高新技术企业，并在 1996 年、1999 年、2008 年和 2016 年先后连续四次进行修订，逐步扩大了高新技术企业认定范围和税收优惠范围，尤其是加大了对科技型中小企业的扶持力度。从 2016 年以来，多个省（区、市）发布了正式的高新技术企业倍增计划或在政府工作报告等有关政府文件中提出了高新技术企业倍增计划，提供培训机会和各种优惠措施以引导企业进行高新技术企业认定。① 通过高新技术企业认定，除了可以给企业带来 15% 的企业所得税税率优惠及其他税收优惠外，同时还可以从地方政府获得政府补贴和奖励、出口信贷、土地使用和人力资本等各项扶持，② 可以降低企业创新成本和创新风险，极大地调动了企业申请高新技术企业认定的积极性。截至 2020 年底，全国有效期内高新技术企业共有 27.8 万家，③ 规模以上高新技术企业的创新活跃程度、创新成功率和自主创新占比指标都在制造业企业中占据引领地位，高新技术企业所得税减免政策也得到了部分企业家的认可。④

关于高新技术企业认定对企业创新的影响存在两种相互对立的观点。一方面，高新技术企业认定政策为高新技术企业享受税收优惠提供了制度支撑，对于培养高新技术企业持续的自主创新能力和促进我国产业结构升级都具有重要意义，高新技术企业认定对企业创新的促进作用也得到了部分学者的证实（孙刚等，2016；许玲玲，2017，2018，2021）。另一方面，"伪高新企业"现象屡禁不止，大量高新技术企业认定过程中存在研发投入和专利数量等造假行为，存在中介机构出具虚假审计报告，认定机构追求认定数量和因认定工作任务繁重而把关不严等问题（曲婉等，2017）。此外，《高新技术企业认定管理办法》及各地市撤销企业高新技术企业的公告中，对高新技术企业材料造假、偷税漏税等行为，仅仅是取消高新技术企业资格、补缴税款及三年或五年内不得再申请高新技术企业认定等处罚，造假成本和处罚成本都较低，不足以对企业构成威慑。高新技术企业资格乱象造成了国家税收流失，

① 河南省科学技术厅等七部门．高新技术企业倍增计划实施方案［EB/OL］．https://kjt.henan.gov.cn/2018/11-12/1528517.html，2018-10-31.
② 为创新减税，给就业松绑——新版高企认定办法五年实施之路解析［EB/OL］．http://www.innocom.gov.cn/gqrdw/c101329/201308/30b4666ab037449f81e56ca51ec3dd95.shtml．2013-08-16.
③ 科技部火炬中心召开 2021 年全国高新技术企业认定管理工作协调会［EB/OL］．高新技术企业认定管理网，http://www.innocom.gov.cn/gqrdw/c101329/202106/2bb8c5a0f0f648da90b6bfe328475e25.shtml，2021-06-10.
④ 2019 年我国企业创新活动特征统计分析［EB/OL］．中华人民共和国科学技术部网站，http://www.most.gov.cn/kjbgz/202106/P020210616333629117275.pdf，2021-06-16.

降低了资源配置效率，损害了真正具有创新能力的高新技术企业的利益。杨国超等（2017）、王兰芳等（2019）就发现高新技术企业认定可能诱发企业研发操纵行为以避税。目前为止，这些观点依然存在较大争议。实际上，以上争议依然是张维迎教授与林毅夫教授的"产业政策之争"的延续，即政府是否应该制定产业政策。本书拟在已有研究的基础上，系统研究高新技术企业认定对企业创新的作用及其经济后果，为澄清"产业政策之争"提供一种可能的视角。

基于以上分析，本书以高新技术企业认定政策为研究对象，研究高新技术企业认定对企业创新的影响及经济后果。具体要回答以下三个问题：第一，高新技术企业认定是否能够促进企业创新？第二，如果能够促进企业创新，那么高新技术企业认定通过何种途径影响企业创新？第三，高新技术企业认定对企业创新影响的经济后果是什么，是否能够提高企业市场竞争力和企业价值？

第二节 研究目标和研究意义

一、研究目标

本书以高新技术企业认定政策为背景，以 2008～2020 年沪深 A 股非金融类和非 ST 上市公司为样本，研究高新技术企业认定对企业创新的影响及经济后果。具体来说，本书的研究目标包括以下四个方面。

第一，建立一个高新技术企业认定对企业创新的影响及经济后果的研究框架。

第二，从理论和实证上分析高新技术企业认定是否能够促进企业创新。

第三，从理论和实证上分析高新技术企业认定促进企业创新的途径是通过减轻税收负担、增加政府补贴、增加银行贷款，还是加强人力资本。

第四，从理论和实证上分析高新技术企业认定对企业创新的影响引起了什么样的经济后果，即是否提高了企业市场竞争力和企业价值。

二、研究意义

1. 理论意义

本书的理论意义在于以下三个方面。

第一，有助于从信号传递理论视角丰富和拓展高新技术企业认定的经济后果的相关研究。现有研究主要从高新技术企业认定对企业研发操纵（杨国超等，2017；王兰芳等，2019；张子余等，2019；万源星和许永斌，2019；程玲等，2019）、企业创新（孙刚等，2016；雷根强和郭玥，2018；徐晔和蔡奇翰，2019；金宇等，2019；简佩茹，2019）及规避税收（Chen et al.，2021；李维安等，2016；杨明增和张钦成，2019）等方面的影响进行了研究，但较少注意到企业获得高新技术企业认定具有信号传递媒介的作用，有助于企业获得其他创新资源。本书利用面板数据和固定效应模型检验企业获得高新技术企业认定前后取得的银行贷款数量和企业价值变化的差异，有助于从信号传递理论视角丰富和拓展高新技术企业认定的经济后果的相关研究。

第二，有助于从信息不对称理论视角丰富和拓展政府创新政策的经济后果的相关研究。现有围绕政府创新政策的研究集中于产业政策（余明桂等，2016；黎文靖和郑曼妮，2016；Xu et al.，2020；Yang et al.，2020）、人才政策（刘春林和田玲，2021）、国家中长期科学和技术发展规划纲要（寇宗来和刘学悦，2020）、专利资助奖励政策（张杰和郑文平，2018）、高新技术企业认定政策（杨国超和芮萌，2020；陈强远等，2020）、创新型城市试点政策（曾婧婧和周丹萍，2019；胡兆廉等，2021）等对技术创新和经济发展的影响。与这些文献不同的是，本书采用历年内上市公司获得的高新技术企业认定次数对企业真实创新能力进一步识别，研究高新技术企业认定作为一种筛选机制如何识别出真伪高新技术企业，缓解政府与企业之间的信息不对称，可以从信息不对称理论视角丰富和拓展政府创新政策的经济后果的相关研究。

第三，有助于从产业政策视角丰富和拓展企业创新影响因素的相关研究。现有文献主要从产业政策（余明桂等，2016；黎文靖和郑曼妮，2016；Xu et al.，2020；Yang et al.，2020）、高管特征（Hirshleifer et al.，2012；陈雄兵和马苗苗，2019；梁彤缨和陈昌杰，2020；Lin et al.，2020）、融资结构（David et al.，2008；温军等，2011；Tian & Wang，2014；吴尧和沈坤荣，2020）、政府补贴和税收优惠（Spence，1984；Hamberg，1966；Mamuneas & Nadiri，1996；唐清泉和徐欣，2010；Kleer，2010；Meuleman & Maeseneire，2012；Kang & Park，2012；杨洋等，2015；余明桂等，2010；王红建等，2014；赵璨等，2015；黎文靖和郑曼妮，2016；杨国超等，2017；Chen et al.，2021）等方面研究了对企业创新的影响，已有的关于产业政策对企业创新影响的文献较少从某一政策影响角度进行分析。相对于已有的有关高新技术企业认定政策的研究（杨国超等，2017；孙刚，2018；Chen et al.，2021），本书不仅分析了不同制度环境下高新技术企业认定对企业创新影响的差异，还进一步利用高新技术企业认定次数对真伪高新技术企业进行识别，有助于从产业政策视角丰富和拓展企业创新影响因素的相关研究。

2. 实践意义

本书的实践意义在于以下两个方面。

第一，有助于为科学评价高新技术企业认定政策的有效性提供理论依据和政策参考。高新技术企业认定政策是一种特定的政企创新联盟和科技资源分配机制（孙刚，2018），在为企业带来税收优惠、政府补贴等资金扶持的同时（庞瑞芝等，2014；许玲玲，2017；雷根强和郭玥，2018；邱洋冬和陶锋，2020），促进了企业创新（孙刚等，2016；雷根强和郭玥，2018；徐晔和蔡奇翰，2019；金宇等，2019；简佩茹，2019），但还可能诱发企业研发操纵行为（杨国超等，2017；王兰芳等，2019；张子余等，2019；万源星和许永斌，2019；程玲等，2019）。因此，如何科学评价高新技术企业认定政策的作用是政府有关部门和学术界都关注的重大问题。本书以高新技术企业认定管理办法为依据，研究高新技术企业认定对企业创新的影响及其经济后果，有助于为科学评价高新技术企业认定政策的有效性提供理论依据和政策参考，有助于加快产业结构转型和转变经济增长方式。

第二，有助于为引导企业主动申请高新技术企业认定提供实证经验证据。科技部发布的《2019 年我国企业创新活动特征统计分析》显示，有42%的被调查企业家认为高新技术企业所得税减免政策效果较好，但依然指出政策门槛较高、适用范围较小及宣传力度不够等是影响政策实施效果的主要原因。由于高新技术企业申报材料和税收优惠审查程序设计过于复杂，企业耗费大量人力物力也未必能够顺利认定或享受税收优惠，因此有些企业不愿意申报。本书通过研究高新技术企业认定对减轻企业税收负担、增加政府补贴、银行贷款及人力资本的影响，并通过促进企业创新最终实现了企业市场竞争力和企业价值的提升，从而为引导企业主动申请高新技术企业认定提供了实证经验证据。

第三节　研究内容

本书研究高新技术企业认定对企业创新的影响及经济后果，主要围绕以下三个问题展开研究。第一，高新技术企业认定是否能够促进企业创新？第二，如果能够促进企业创新，那么高新技术企业认定通过何种途径影响企业创新？第三，高新技术企业认定对企业创新影响的经济后果是什么，是否能够提高企业市场竞争力和企业价值？

本书研究框架如图1－2所示。

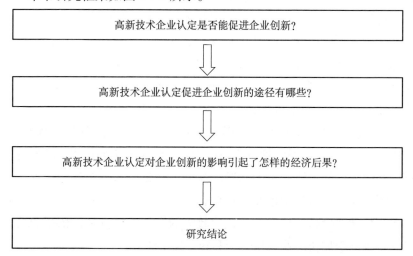

图1－2　本书研究框架

资料来源：笔者根据本书研究思路绘制。

以下对本书的具体内容安排进行说明。

本书以高新技术企业认定政策为研究对象，探讨高新技术企业认定对企业创新的激励效应和作用机制，以及这种激励效应对企业市场竞争力和市场价值的影响。全部内容共分为八章，现分别对各章进行简要介绍。

第一章绪论。作为本书的开篇，本章首先叙述了本书研究的理论背景与现实背景，并提出本书的三个研究问题；其次说明了本书的研究目标和研究意义，以明确本书研究目的和研究价值；再次列示了本书的研究内容与研究框架，说明本书的研究思路；然后说明了本书的研究方法；最后是本书的创新点与不足，说明已有文献的研究成果和本书对相关文献的拓展与深化。

第二章文献综述。本章主要综述了与本书相关的研究文献，包括政府扶持企业创新的政策和工具、高新技术企业认定政策的研究和企业创新的影响因素这三类文献。具体来说，政府扶持企业创新的政策和工具相关的研究包括政府扶持企业创新的各种政策和主要政策工具的实施效果；高新技术企业认定政策的研究主要包括高新技术企业认定政策对企业创新的影响及实施存在的问题；企业创新的影响因素包括企业特征因素和外部制度环境两方面。

第三章理论基础。本章介绍了与本书研究相关的理论基础，包括公共产品理论、资源依赖理论、信息不对称理论和信号传递理论。

第四章中国高新技术企业认定政策的演进历程。本章梳理了中国高新技术企业认定政策的演进历程，分别对1991年、1996年、2000年、2008年和2016年的高新技术企业认定政策涵盖的政策出台背景、认定机构、认定条件、认定程序、税收优惠和监督管理进行了整理和对比分析，从中可以发现随着科技竞争的日益增强和经济社会的飞速发展，中国高新技术企业认定标准也在不断更新，不断加大对企业创新的扶持力度。

第五章高新技术企业认定的企业创新效应。本章是本书研究的第一个实证问题，本章实证检验了高新技术企业认定对企业创新的激励效应，并分析了不同制度环境下高新技术企业认定对企业创新的激励效应的差异，从而证实了高新技术企业认定激励了企业创新，且只存在于制度环境落后地区。稳健性检验对企业产权性质、企业规模、融资约束程度、公司治理水平和上市公司透明度等进行分组检验，以研究高新技术企业认定的企业创新激励效应的异质性。进一步分析中，发现获得高新技术企业多次认定的上市公司创新能力更强。

第六章高新技术企业认定企业创新效应的作用机制。本章是本书研究的第二个实证问题，本章实证检验了高新技术企业认定对企业创新的作用机制。高新技术企业认定通过降低企业税收负担、增加政府补贴和短期借款、增加企业研发人员，补充了企业创新资源，从而促进了企业创新。

第七章高新技术企业认定企业创新效应的经济后果。本章是本书研究的第三个实证问题，高新技术企业认定通过促进企业创新，提升了企业市场竞争力和市场价值。

第八章研究结论与政策建议。作为本书的总结，本章在总结上述研究结果的基础上指出我国高新技术企业认定政策是有效的，并提出了政策建议。

第四节　研究方法

一、双重差分方法（DID）

在实证研究中，识别因果关系的一个重要方法是双重差分法（Difference-in-Differences，DID），也称为"倍差法"，是进行政策评估使用最多的方法之一。获得高新技术企业认定的上市公司与未获得高新技术企业认定的上市公司是很好的实验组和对照组，可以用来研究高新技术企业认定对企业创新的影响及经济后果。

二、倾向得分匹配法（PSM）

倾向得分匹配法（propensity score matching，PSM）是使用非实验数据或观测数据进行干预效应分析的一种方法，基本原理是反事实推断，即对于处在干预状态的成员来说，反事实就是处在控制状态下的潜在结果，而这些潜在结果是我们无法预测的。倾向得分匹配法通过逻辑回归模型来决定评分，通常采用最邻近匹配、半径匹配和核匹配进行得分匹配，之后评定匹配后的平衡性、计算平均干预效果并进行敏感性分析。为了解决实验组和对照组样本分组可能存在的自选择问题，即企业创新能力更强的上市公司获得高新技术企业认定的可能性更高，本书采用倾向匹配得分法对实验组和对照组进行匹配，以进一步进行稳健性检验，确保本书结果的可信性。

三、定性分析与定量分析相结合

定性分析是指从事物的本质属性上来认识和把握事物，而定量分析是从事物的规模上来认识和把握事物。定性分析与定量分析是相辅相成的，应结合使用才能对事物进行完整分析。本书根据现有文献，在已有理论基础上定性分析高新技术企业认定对企业创新的影响及经济后果，之后在定性分析的基础上，采用 2008~2020 年沪深 A 股上市公司数据，使用虚拟变量表示高新技术企业认定，来探讨高新技术企业认定对企业创新、企业市场竞争力和市场价值的定量影响。

四、规范分析与实证分析相结合

规范分析是指以特定的标准对现实世界应该是什么样进行分析，是一种带有主观价值判断的分析方法。实证分析是对现实世界的客观描述，回答的是世界是什么样的问题，不带有主观判断。在规范分析方面，本书首先从公共产品理论和创新理论两个角度分析了政府发布高新技术企业认定政策扶持企业创新的必要性，然后从信号传递理论和信息不对称理论视角分析了高新技术企业认定影响企业创新的机制及经济后果。在实证分析方面，本书以 2008~2020 年沪深 A 股上市公司为样本，分析了高新技术企业认定对企业创新的影响及经济后果，有助于科学评估高新技术企业认定政策的有效性。

五、单变量分析与多元回归分析相结合

本书采用单变量的方法比较了不同产权性质下高新技术认定前后企

业创新的差异。之后在单变量分析的基础上，控制其他因素研究高新技术认定对企业创新的影响，即采用多元回归分析方法进行实证检验。两种方法相结合得出一致的研究结论，可以更好地解释本书的研究问题。

六、比较分析法

比较分析法是通过两两比较来发现差异，从而发现经济活动中的问题，这样的评估结果更加可靠和有效。本书首先在对不同时期的高新技术企业认定政策演进历程进行梳理和整理的基础上进行了比较分析。其次，对不同产权性质企业、不同规模企业、不同融资约束程度企业、不同公司治理水平和不同透明度企业的高新技术企业认定企业创新激励效应进行了比较分析。

第五节　研究创新与不足

一、研究创新

本书的创新主要有以下两个方面。

1. 从信号传递理论角度丰富了高新技术企业认定政策的相关研究

高新技术企业认定政策是政府以税收优惠作为政策工具，通过认定高新技术企业以达到引导和激励企业创新的目的的战略政策。已有研究大多集中于评价政府干预企业创新的政策工具——政府补贴和税收优惠是否促进了企业研发投资的增加，而较少考虑到企业获得政府创新支持的信号传递作用。本书除了根据资源依赖理论分析高新技术企业认定给企业带来的税收优惠及其他政府扶持等创新资源外，主要从信号传递理论角度分析高新技术企业认定对企业创新的影响。本书认为企业获得的高新技术企业认定就是一种稀缺资源，能够对企业创新产生激励作用。并且企业获得高新技术企业认定传递出政府对企业创新能力认可的权威信号，能够降低企业和外部投资者之间的信息不对称，提高外部投资者对企业的信心，从而有利于企业获得外部融资及其他创新资源，进而促进企业创新。本书通过实证检验证实了高新技术企业认定激励了企业创新，并且还会受到地区制度环境的调节，本书的研究是对政府扶持企业创新的政策对企业创新影响的相关研究的一个重要补充，有利于更好地科学评价政府扶持企业创新的政策的有效性。

2. 从信息不对称理论视角丰富了政府创新政策的经济后果的相关研究

已有文献主要从产业政策（余明桂等，2016；黎文靖和郑曼妮，2016；Xu et al.，2020；Yang et al.，2020）、国家中长期科学和技术发展规划纲要（寇宗来和刘学悦，2020）、专利资助奖励政策（张杰和郑文平，2018）、高新技术企业认定政策（杨国超和芮萌，2020；陈强远等，2020）、创新型城市试点政策（曾婧婧和周丹萍，2019；胡兆廉等，2021）等方面研究了对企业创新的影响，但本书采用历年内上市公司获得的高新技术企业认定次数对企业真实创新能力进一步识别，认为高新技术企业认定是一种有效的筛选机制，有助于缓解政府与企业之间的信息不对称，从而从信息不对称理论视角丰富了政府创新政策的经济后果的相关研究。

二、研究不足

本书的研究也存在一些不足之处，需要在未来的研究中进行继续探讨，主要有以下两个方面。

1. 样本选择问题

由于高新技术企业数量庞大，主要是非上市公司，考虑到研发投入、专利及各项财务数据的可得性，本书以上市公司作为样本进行研究，可能存在样本选择偏误及样本量过小的问题。由于上市公司整体实力较强，因此研究结论可能存在高估高新技术企业创新投入和产出的情况。本书将在未来研究中继续采用中国工业企业数据库与历年各地区高新技术企业认定名单进行匹配，研究高新技术企业认定对企业创新及经济后果的影响，同时由于高新技术企业是在 2016 年认定办法重新修订后大规模增加的（手工整理高新技术企业认定管理工作网上的认定文件得知），而中国工业企业数据库仅更新到 2015 年，二者匹配后是否能够很好地检验高新技术企业认定对企业创新的影响，尚不可知。

2. 政策迎合问题

诸多学者研究发现高新技术企业认定会导致企业研发操纵或避税，并未真正促进企业创新（杨国超等，2017；王兰芳等，2019；张子余等，2019；万源星和许永斌，2019；程玲等，2019；杨国超和芮萌，2020）。本书研究过程中并未考虑这些问题，但在数据分析过程中通过高新技术企业认定次数也的确发现仅通过 1 次认定的高新技术企业研发投入或专利相对较少，尤其在 2017 年政府加大对高新技术企业检查力度之后，很多上市公司在 2017 年之后未获得认定，因此，本书在后续研究中将继续分析高新技术企业认定过程中是否存在政策迎合的问题，如果存在政策迎合或政府与企业之间互惠行为，那么对企业创新又会有什么影响，以及会引起怎样的经济后果。

第二章

文献综述

本书的研究主要与政府扶持企业创新的政策和工具、高新技术企业认定政策及企业创新的影响因素这三类文献紧密相关。因此，本书主要分析这三类文献的研究现状。

第一节 政府扶持企业创新的政策研究现状与分析

政府通常通过发布特定的政策对企业创新进行引导，并且会采用税收优惠、政府补贴、银行贷款等政策工具扶持企业创新。本书主要对已有的有关政府扶持企业创新的政策及工具的研究进行简要梳理。

现有围绕政府创新政策的研究主要包括产业政策、国家中长期科学和技术发展规划纲要、专利资助奖励政策及创新型城市试点政策等对企业创新的影响。

首先，产业政策方面，学者们对产业政策对企业创新的作用存在较大争议。一方面，许多学者都发现产业政策具有资源配置效应，能够给企业带来更多的股权融资（陈冬华和姚振晔，2010）、信贷融资（Musacchio et al.，2015；张同斌和高铁梅，2012；祝继高等，2015；连立帅等，2015；李隋和张腾文，2015）、政府补贴（钱爱民等，2015；冯发贵和李隋，2017）、税收优惠（宋凌云和王贤彬，2017）和土地资源（张莉等，2011）等，从而促使企业增加技术创新（林洲钰等，2013；余明桂等，2016）。祖克和达比（Zucker & Darby，2007）

以及大野健一（2015）指出高质量的产业政策能够给企业技术创新提供研发投入、人才培养和基础设施建设等良好的市场环境，从而激励企业提升创新能力和市场竞争力。另一方面，部分学者认为产业政策会诱使企业进行策略性创新或进行研发操纵以获得产业政策扶持的各种优惠资源（黎文靖和郑曼妮，2016；杨国超等，2017），从而损害了企业价值（祝继高等，2015；王克敏等，2017）。

其次，不同学者分别以特定的政府创新政策对象展开分析。如张杰和郑文平（2018）发现中国各省级政府出台的专利资助奖励政策显著抑制了企业申请的发明与实用新型专利的质量，但对企业授权的发明与实用新型专利质量表现出中性作用效应，认为该政策导致了大量低质量专利产生。寇宗来和刘学悦（2020）以《国家中长期科学和技术发展规划纲要（2006～2020年）》为对象，发现该纲要显著促进了企业专利数量和质量以及全要素生产率水平的提升。秦雪征等（2012）发现参与国家科技计划的中小企业研发资金使用效率、技术人员与管理人员的边际创新生产率得到了提高，从而进一步促进了中小企业进行产品创新和方法创新。部分学者以创新型试点建设政策为背景进行研究，如曾婧婧和周丹萍（2019）发现获批创新型城市能显著提高城市创新绩效，但对东部、行政级别较高及规模较大城市的促进作用更明显。胡兆廉等（2021）发现创新型试点政策促使了城市产业集聚。聂长飞等（2020）指出创新型试点建设促进了试点城市全要素生产率提高，有助于促进中国经济发展的绿色转型。

政府扶持企业创新的工具通常主要包括政府补贴、税收优惠和银行贷款，本书主要对这三种政策工具的研究进行了整理和分析。

1. 税收优惠

税收优惠对盈利企业有利，而更缺乏研发资金的新成立企业和没有应纳税所得额的中小企业可能享受不到。众多文献对于政府补贴对企业研发投资的影响研究结论尚存在争议，虽然有部分文献发现税收优惠对企业研发投资的影响不显著，但绝大多数文献都认为税收优惠显著促进了企业研发投资（Becker，2015）。

一方面，税收优惠可以降低企业创新成本，减小企业创新风险，增加企业收益，从而促进企业创新（Cappelen et al.，2012；Yang et al.，2012；Foreman-Peck，2013；马悦，2015；王玺和张嘉怡，2015；叶显等，2019）。研发税收减免和即时研发费用税前抵扣对私人研发投资有显著的引导作用（Mamuneas & Nadiri，1996；水会莉等，2015），享受税收优惠的企业比没有享受税收优惠的企业具有更多的创新（Cappelen et al.，2012；Yang et al.，2012；Foreman-Peck，2013）。霍尔（Hall，1993）、霍尔和瑞恩（Hall & Reenen，2000）都发现税收优惠政策促进了研发投资的增加，1美元的研发税收优惠可以促进1美元的研发投资增加。而布卢姆（Bloom et al.，2002）发现税收优惠会使企业短期内研发成本降低10%，可以促进研发投入增加超过1%，在长期内则可以促进研发投入增加10%。赵月红和许敏（2013）也发现税收优惠对研发投入的长期效应比短期效应更好。享受税收优惠的企业拥有较多的研发人员（娄贺统和徐浩萍，2009），且研发人员报酬更高（Lokshin & Mohnen，2013）。同时，税收优惠对不同公司的创新影响也有差异，如巴加纳和莫森（Baghana & Mohnen，2009）发现研发税收优惠政策对小公司研发投资的激励效应大于大公司。卡斯泰拉奇和利（Castellacci & Lie，2015）也发现研发税收优惠对小公司、服务行业、计划经济体制国家的低技术行业公司的创新活动具有显著影响。同时，研发税收政策的变化会影响企业研发投入（Vines & Moore，1996）。很多学者研究了"营改增"对企业创新的影响，如刘行和赵健宇（2019）、李启平（2019）、肖建华和谢璐华（2020）等都发现"营改增"增加了企业可支配现金，促进了企业创新投入和产出。

另一方面，也有部分文献认为税收优惠政策对企业研发投资作用不显著。如李丽青（2007）、王一舒等（2013）、江希和和王水娟（2015）都发现现行税收优惠政策对企业研发投入并没有显著的激励效应。而吴祖光等（2013）指出税收负担过重挤出了企业研发投入，诱使企业报告虚假研发投入强度从而利用税收优惠政策进行避税。冯海红等（2015）则认为税收优惠力度存在临界值，只有在最优税收优惠区间内才能激励企业研发投资。

以上研究表明，税收优惠政策对企业研发投资起到了一定的引导作用，这得到了大多数实证研究的证实，然而由于税收优惠政策实施过程中存在优惠范围较窄、执行不力等因素，可能会制约税收优惠政策的激励效果。

2. 政府补贴

政府补贴可以解决企业研发过程中不可避免的市场失灵问题（Arrow，1962；Stiglitz，1989），显著加快短期产业结构变动（宋凌云等，2012；宋凌云和王贤彬，2013）。但唐清泉等（2008）指出政府间接补贴是引导企业成为创新主体的有效方法，但政府不应直接干预企业创新活动和创新项目等，应由企业根据市场需要选择合适的创新项目。研究政府补贴对企业创新影响的文献很多，主要分为两类：一类研究认为政府补贴激励了企业研发投资，体现为互补效应；另一类则认为政府补贴替代了企业研发投资，体现为挤出效应。大卫等（David et al.，2000）和苏尼加—维森特等（Zúñiga-Vicente et al.，2014）分别对过去35年内和50年内政府补贴对私人研发投资的影响进行了综述，发现整体上理论界对政府补贴对私人研发投资的作用是互补效应还是挤出效应依然存在很大争议。

（1）互补效应。政府补贴能给企业带来现金收益，降低企业创新成本（Mamuneas & Nadiri，1996）。如果政策有效果，政府补贴和企业研发支出应是相互补充的作用。诸多文献对政府补贴对企业创新投资的互补效应进行了研究。

汉伯格（Hamberg，1966）首次利用厂商截面数据研究政府研发资助对企业研发支出的影响，发现美国国防部提供的研发资助能促进厂商加大研发支出。政府补贴可以促进企业进行更多的研发活动和创新产出（Spence，1984；Hamberg，1966；Holemans & Sleuwaegen，1988；Branstetter et al.，2002；吴延兵，2009；Carboni，2011；Kang & Park，2012；Cerulli & Potì，201；Guo et al.，2016；孙晓华等，2017；Acemoglu et al.，2018），是因为政府补贴弥补了创新投资的正外部性缺陷，有效降低了企业无法独占创新收益的风险，减少了企业的创新投资成本，提高了创新活动的私人收益率，从而刺激企业增加创新投资（Lichtenberg，1987；唐清泉和徐欣，2010；郑江淮和张玉昌，2019；杨芷晴等，2019；邹洋等，2019；陈璐等，2019；苗文龙等，2019；陈昭和刘映曼，2019；夏清华和何丹，2020；梅冰菁和罗剑朝，2020），并最终促进了经济增长（杨朝峰和贾小峰，2008）。同时，政府补贴对不同规模企业、不同类型企业、不同行业和不同地区企业的创新影响也有所不同，如拉赫（Lach，2002）利用以色列制造业数据发现政府研发资助显著促进了小公司自筹研发投资，而与大公司自筹研发投资呈现不显著的负相关关系；唐清泉等（2008）、李玲和陶厚永（2013）、杨洋等（2015）都发现政府补贴对民营企业创新的促进作用大于其对国有企业的作用，杨洋等（2015）还发现在要素市场扭曲程度低的地区，政府补贴对企业创新绩效的促进作用更大；勒纳（Lerner，2000）发现政府补贴对大多数行业研发活动有积极影响，而对少数行业作用不显著；霍勒曼与斯鲁韦根（Holemans & Sleuwaegen，1988）利用挪威电子和电气设备行业数据，发现政府资助对小企业和大企业的创新激励效果要比中型企业效果好。张杰等（2015）发现只有在知识产权保护程度较低的地区，政府创新补贴才促进企业研发投入，而整体上政府创新补贴对中小企业研发投入作用并不显著。此外，政府补贴除了给企业带来现金收益外，还具有信号传递作用，有利于企业获得银行贷款（Kleer，2010；Meuleman & Maeseneire，2012；高艳慧等，2012），从而促进企业创新投资。李汇东等（2013）也发现与股权融资和债权融资相比，政府补贴最能显著提高上市公司创新投资，且政府补助还可以刺激上市公司通过债权融资提高公司创新投资。

以上研究表明，政府补贴是企业创新资金的重要来源，对企业创新有显著促进作用，但会受到企业规模、产权类型、所处行业及地区市场化程度等的影响。

（2）挤出效应。由于政府补贴是针对特定行业内特定企业的扶持行为，而创新投资存在正外部性，新技术、新知识会自动外溢，有可能会导致行业内其他企业"搭便车"行为从而减少创新投资，同时政府公共部门的研发活动，增加了对研发投入要素的需求，提高了创新投资要素的价格（David & Hall，2000），从而增加了企业创新投资的成本，也有可能会导致企业减少创新投资，即体现为挤出效应。

当政府和企业之间存在信息不对称时，企业经常会发送虚假的创新类型信号以获取政府研发补贴（王红建等，2014；赵璨等，2015；黎文靖和郑曼妮，2016；安同良和千慧雄，2021），且当科技人力资本价格较低时，政府补贴会挤出企业研发投入（Shrieves，1978；安同良等，2009；杨晔等，2015）。卡迈克尔（Carmichael，1987）、瓦尔斯滕（Wallsten，2000）、布索姆（Busom，2000）、杨晔等（2015）也都发现政府补贴对企业研发投资有挤出或替代效应。此外，部分学者认为政府补贴与企业创新之间呈现倒"U"型关系（戴一鑫等，2019；叶明确和王昆晴，2019；刘子谞等，2019）。

政府补贴对不同行业的企业研发投资影响也不同，如马穆安和纳迪里（Mamuneas & Nadiri，1996）利用美国制造业公司数据发现在低研发投入密度的行业，公共研发资助显著挤出了私人研发投资，而在高研发投入密度的行业，这种挤出效应较弱。冈萨雷斯和帕佐（González & Pazó，2008）利用西班牙制造业公司数据，发现公共资助对私人研发投入存在部分或全部挤出效应，但存在于小公司和低技术公司，认为这些公司在获得公共资助时很可能就没有研发活动。

以上研究表明，政府补贴在特定情境下会对企业研发投资产生挤出效应。为了解决信息不对称和企业的逆向选择，政府补贴的政策制定者需要对企业创新甄别、判断，进行有选择性的补贴以保证补贴政策的效果。

（3）互补效应和挤出效应并存。相关研究发现政府补贴对企业创新投资的互补效应和替代效应同时并存，如政府补贴对企业研发投入是互补效应还是挤出效应，取决于企业研究的形式（Link，1982）、合约设定形式（Lichtenberg，1984）、企业所处生命周期阶段（周亚虹等，2015）及政府补贴规模大小（Guellec & Van Pottelsberghe，2003；唐清泉等，2011；戴小勇和成力为，2014；毛其淋和许家云，2015）。

朱平芳和徐伟民（2003）则认为由于政府补贴到达企业需要一段时间，因此政府补贴对企业当期研发投入有挤出作用，而对滞后一期、二期的研发投入有显著补充作用。

3. 政府补贴和税收优惠的综合效应

由于政府创新政策通常同时采用政府补贴和税收优惠两种主要的政策工具实施，因此也有部分文献对两种政策工具对企业研发投资的作用进行了综合研究和对比分析，但研究结论也存在较大分歧。

部分文献认为税收优惠比政府补贴对企业研发投资促进作用更大。如朱平芳和徐伟民（2003）、戴晨和刘怡（2008）、卡尔博尼（Carboni，2011）都认为税收优惠比财政补贴对企业研发投资具有更强的激励作用。也有文献认为政府补贴比税收优惠对企业研发投资促进作用更大。如盖莱克和范波特尔斯伯格（Guellec & Van Pottelsberghe，1997，2003）先后利用 1981～1996 年 17 个 OECD 国家数据发现短期内政府资助和税收优惠刺激了私人研发投资增加，长期看政府资助比税收优惠更有效率，二者是相互替代的作用。

部分文献认为政府应针对不同的情况采取不同的政策工具，以实现社会最优的研发水平。马穆安和纳迪里（Mamuneas & Nadiri，1996）认为公共研发资助能促进企业提高效率和刺激产出增加，而研发税收政策可以引导私人研发投资。柳剑平等（2005）指出在研发溢出程度较高时，政府应该补贴企业产出和研发投入，而在研发溢出程度较低时，政府应该补贴产出并对企业研发投入进行征税，从而实现社会最优水平的研发活动。郑绪涛和柳剑平（2008）认为要对 R&D 活动进行事前补贴以解决外部性问题，并对 R&D 活动进行事后补贴以解决创新产品竞争问题，从而激励企业进行更多的研发活动。黎文靖和郑曼妮（2016）发现受到产业政策扶持的公司，预期会得到更多的政府补贴和税收优惠，但只带来企业非发明专利申请的增加而非实质性创新。王春元和于井远（2020）发现资金充足、融资约束程度低的大企业、新产品较难被模仿的企业偏向选择税收优惠政策，而融资约束程度较高的中小企业和新产品容易被复制的企业则会选择财政补贴政策。

以上研究表明，政府补贴和税收优惠两种政策工具对企业研发投资的促进作用孰大孰小尚无定论，政府政策制定者应结合企业具体情况采取相应措施，以引导企业研发投资达到社会最优水平。

综上所述，政府补贴对企业创新投资存在互补效应、挤出效应或两种效应并存，而文献对于税收优惠对私人研发投资的作用比以前研究更加一致，认为有积极作用。究其原因，对政府补贴、税收优惠及两者并存对企业研发投资的研究，都应将企业特征因素和制度环境因素考虑在内，政府补贴和税收优惠都是来自企业外部的政府决策所带来的创新资源，而这些资源对企业研发投资的作用依赖于企业特征因素，还要受外部制度环境的影响。正因为如此，诸多文献研究选择了不同的企业特征变量和外部制度环境变量，因此得出了不同的研究结论。鉴于此，本书在后续研究中也将综合考虑高新技术企业认定政策、企业特征和制度环境对企业创新的影响。

4. 银行贷款

学者们对银行贷款对企业创新的影响依然存在争议。一方面，银行贷款可弥补企业创新资源，缓解企业资金困难，从而可以激励企业进行创新（David et al.，2008；温军等，2011；解维敏和方红星，2011；蔡地和万迪昉，2012；周方召等，2014；Cosci et al.，2016；吴尧和沈坤荣，2020）。江轩宇等（2021）还发现债券融资可以降低企业债务融资成本，延长债务期限，优化企业债务结构，从而促进企业创新。另一方面，随着国家对绿色金融扶持企业创新政策的推进，金融对企业创新的扶持力度不断加强。如王馨和王营（2021）发现绿色信贷政策增加了企业贷款，促进了企业创新。

另外，由于银行贷款通常有固定还款期限和利息负担，如果企业到期无法按时还债，则可能面临破产风险，因此企业为了避免违约和失信而不得不放弃高收益的创新投资项目，从而才能按时还款。因此部分学者认为银行贷款不利于企业创新（Aboody & Lev，2000；王宇峰和张娜，2014；张杰等，2017；简佩茹，2019）。

第二节 高新技术企业认定政策的研究现状与分析

孙刚（2018）将"高新技术企业认定"视作一种特定的政企创新联盟和科技资源分配机制，认为其充分发挥了政府"扶持之手"的作用。一方面，高新技术企业可以享受15%的企业所得税优惠税率及其他税收优惠，可以获得更多的政府资金支持（庞瑞芝等，2014；雷根强和郭玥，2018；邱洋冬和陶锋，2020）。然而，另一方面，高新技术企业明确的认定"门槛"可能会诱发企业研发操纵行为（杨国超等，2017；王兰芳等，2019；张子余等，2019；万源星和许永斌，2019；程玲等，2019）。因此，科学评价高新技术企业认定政策的作用是政府有关部门和学术界关注的重大问题。目前，学者们对高新技术企业认定政策的研究主要集中在对企业创新的影响、对研发操纵的影响及认定政策实施的问题等方面。下面本书将这些文献分类进行归纳。

一、对企业创新的影响

高新技术企业认定缓解了企业融资约束（卢君生等，2018；金宇等，2019；武龙，2019；黄惠春和李媛，2020），给企业带来了更多的税收优惠、银行贷款和政府补助资金（庞瑞芝等，2014；雷根强和郭玥，2018；邱洋冬和陶锋，2020），稳定了人力资本（金宇等，2019），促进了企业创新投入（徐晔和蔡奇翰，2019；许玲玲等，2021）和创新产出增加（雷根强和郭玥，2018；金宇等，2019），提升了企业创新绩效（庞瑞芝等，2014；孙刚等，2016；简佩茹，2019）和企业风险承担水平（邱洋冬和陶锋，2020）。而且陈珍珍等（2019）还发现母公司和子公司高新技术企业认定均能显著激励企业增加研发投入，新修订的2016年认定办法比2008年认定办法对研发人力投入激励效应较大而对研发财力投入激励效应较小，高新技术企业认定前企业会增加研发投入以达到认定标准，认定期间也会增加研发投入而期满后不再增加。陈强远等（2020）发现高新技术企业认定政策同时激励企业提升了创新数量和质量。此外，很多学者认为高新技术企业税收优惠政策激励了企业创新投入（程曦和蔡秀云，2017；潘孝珍和燕洪国，2018；李香菊和杨欢，2019），提升了企业创新绩效（李维安等，2016）和产品价值（刘郁葱和周俊琪，2019）。

同时，部分学者发现高新技术企业认定对企业的作用会受到所有制类型、制度环境等的影响，高新技术企业认定对民营企业（孙刚等，2016，2018；卢君生等，2018；许玲玲，2017，2018；徐晔和蔡奇翰，2019）、大规模企业（庞瑞芝等，2014；徐晔和蔡奇翰，2019）和东部企业（徐晔和蔡奇翰，2019；黄惠丹和吴松彬，2019）创新的促进作用都更为显著，却促进了国有企业策略性创新（雷根强和郭玥，2018），在知识产权保护力度和法制环境等制度环境较好的地区作用显著（金宇等，2019；许玲玲，2018）。而卢君生等（2018）、黄惠春和李媛（2020）却发现高新技术企业认定对中小企业或年轻企业的创新激励作用更显著。

另外，也有部分学者认为高新技术企业认定政策对企业创新作用不显著。如刘志阔和蒋坤宏（2014）利用 2001～2007 年高新技术企业认定政策和中国工业企业数据库数据，发现研发投入密度大于 5% 的企业具备高新技术企业认定的基本条件，因此愿意保持一定的研发投入水平，在经济繁荣期会增加研发投入，而研发投入密度小于 5% 的企业则在经济衰退期会大量减少研发投入，认定政策只能促进其研发投入直接增长，并不直接影响研发投入与销售收入的关系。张俊瑞等（2016）、梁俊娇和贾昱晞（2019）都发现高新技术企业所得税优惠政策并不能显著提高高新技术企业创新效率。杨记军等（2018）发现我国高新技术企业研发投入强度普遍维持在 3% 左右，指出企业只是为了迎合当前政府认定政策的门槛值而缺乏主动创新的动力。谭龙等（2013）以 2010 年北京市获得认定的高新技术企业为样本，发现有30% 的企业在 2008 年认定办法出台后专利申请量短期增长，而其他企业一直无专利申请行为，且高新技术企业复审对知识产权的要求较低，难以推动知识产权持续增加。程曦和蔡秀云（2017）、郑婷婷等（2020）指出高新技术企业税收优惠对企业创新产出作用不显著，不利于创新质量优化。

二、对研发操纵的影响

部分学者认为高新技术企业认定政策诱发了企业研发操纵行为。首先，研发操纵行为方面，如张子余等（2015）发现高新技术企业在认定过程中会计收入项目存在信息质量问题，被认定为高新技术企业的上市公司在认定前一年会采取更为激进的收入确认行为。杨国超等（2017）发现高新技术企业认定政策会诱导公司进行研发操纵，从而导致公司发明专利申请量和授权量下降。杨国超和芮萌（2020）进一步研究发现通过高新技术企业认定可以激励真正的高新技术企业创新，但通过虚增研发投入而获得认定的公司则仅仅是迎合政策并非真正创新。程玲等（2019）发现一些存在严重融资约束的企业为了获得高新技术企业认定后的资源而操纵研发投入，从而导致企业生产率和利润降低，而企业生产率水平和地区金融发展水平的提高可以缓解这个制度迎合现象。万源星和许永斌（2019）发现高新技术企业认定激励了企业提高技术创新效率，而达标型和避税型研发操纵抑制了这种激励效应，达标型研发操纵集中在高新技术企业认定初审阶段且在高新开发区以外、销售收入较高的企业更显著，避税型研发操纵集中在高新技术企业认定复审阶段且在高新开发区以内、销售收入较低的企业更显著。

其次，企业存在为了避税目的而进行的研发操纵行为。如黄蓉和易阳（2013）发现高新技术企业认定可以降低企业税负，但控股股东会通过关联交易向高新技术企业子公司输送利益，从而降低企业整体税负。李维安等（2016）还指出高新技术企业所得税优惠政策在很大程度上成为某些企业规避税收的"税盾"，这些企业获得了税收优惠却没有用于创新活动。冯发贵和李隋（2017）发现研发税收优惠激励了小规模高新技术企业增加创新投入，对其创新产生影响不显著，但促进了大规模高新技术产业创新产出增加。而张俊瑞等（2016）、梁俊娇和贾昱晞（2019）都发现研发费用加计扣除优惠政策比高新技术企业15%的企业所得税优惠税率对企业创新激励作用更显著。张子余等（2019）发现高新技术企业在获得资格认定前一年，为达到避税目的有显著的研发费用操纵行为，且会明显降低研发支出资本化，这在非国有控股公司表现更加显著。王兰芳等（2019）发现尤其在法治环境较差地区存在为了获得高新技术企业认定的研发"粉饰"行为，这种行为带来的是创新数量而非质量的提高，虽然带来了企业短期财务绩效提升却损害了企业市场绩效。夏清华和黄剑（2019）则发现高新技术企业所面临的市场竞争与创新投入之间呈现倒"U"型关系，税收优惠既减弱了适度市场竞争对创新投入的正相关关系，也抑制了过度市场竞争对创新投入的负相关关系。

三、对企业价值和企业绩效的影响

部分学者探讨了高新技术企业认定对企业价值和财务绩效的影响，如曾婧婧和周丹萍（2019）利用中国工业企业数据库数据和双重差分模型发现高新技术企业认定政策有助于提高企业市场价值及市场占有量，但对企业研发投入作用不显著，对大型企业影响更显著。而许玲玲（2018）、徐晔和蔡奇翰（2019）却发现企业获得高新技术企业认定对企业市场价值和财务绩效作用不显著。此外，还有学者认为审计有助于企业创新，如徐经长等（2019）发现高新技术企业认定中研发费用专项审计质量的提高，有助于促进企业创新，尤其在国有企业中，以及在政府干预程度较弱、金融发展水平较高及法治水平较低时更加显著。潘孝珍和燕洪国（2018）指出政府审计能够提高高新技术企业税收优惠政策对企业创新的激励效果，但是只有在法律环境比较好的环境下才显著。

四、认定政策实施的问题

部分学者认为高新技术企业认定政策在实施过程中存在诸多问题，主要体现在以下两个方面。一方面，高新技术企业申报材料和税收优惠审查程序设计过于复杂，企业需要耗费大量人力物力，而有可能因为不能申请成功或年度审核不通过而无法享受税收优惠，因此有些企业不愿意申报；另一方面，高新技术企业税收优惠受益较少，主要是大企业享受所得税减免,很多中小企业没有享受或没有申请或有其他税收优惠,或者只是为了获得资质进行招投标便利(曲婉等,2017),难以激励企业持续创新(陈珍珍等,2019)。此外,近年来高新技术企业数量巨大、认定工作繁重,对申请企业进行实质审核不仅需要大量财政投入,还需要财政、税务和科技部门人员的通力配合,这大大增加了执法成本(曲婉等,2017)。而且,李维安等(2016)指出一些高新技术企业可以享受同样的税收优惠却没有用于企业创新活动,高新技术企业所得税优惠政策反而成了这些企业的避税工具。杨明增和张钦成(2019)还发现高新技术企业税收优惠政策会使所得税税率在同伴企业间产生较大的差异,这种同伴压力会促使非高新技术企业加大实施节税或避税等税收激进行为,尤其在国有企业、异地企业或面临低强度税收征管时作用更显著,而当非高新技术企业拥有高新技术企业子公司时,其面临的同伴压力有所缓解。

第三节 企业创新影响因素的研究现状与分析

根据已有文献,创新是企业持续发展和经济增长的动力源泉,对企业保持持续竞争优势和提升国家经济实力发挥着引擎作用(Solow,1957;Lucas,1988;Dosi,1988;Romer,1990;Peterson & Jeong,2010),是经济高质量发展的主要驱动力。学者们从不同角度对企业创新的影响因素进行了研究,主要包括内部治理因素和外部制度环境等方面。下面本书将对有关文献进行简要综述。

一、内部治理因素

学者们认为,影响企业创新的内部治理因素主要涵盖高管特征、薪酬待遇、融资结构、股权质押、家族企业和混合所有制改革、会计信息和内部控制等方面。

1. 高管特征

管理层个人特征对企业决策的影响有巨大差异。首先,很多学者发现管理层过度自信会影响企业创新,他们发现 CEO 早年晋升越快,越容易过度自信，越能促进企业创新投资（Hirshleifer et al.，2012），高管的学历、两职兼任、海外经历都能够增加高管的自信度，且能促进企业创新成果的增加。而梁彤缨和陈昌杰（2020）发现只有当企业融资约束较低时，企业创新投资与管理者过度自信才显著正相关。而且，当企业高管过度自信时，经济政策不确定性不能促进企业创新投入和产出的增加。

其次，高管性别和个人早年经历会影响企业创新，如熊艾伦等（2018）认为拥有女性的管理团队整体拥有较高的避险意识，从而研发新产品和新技术的概率相对较低，女性高管比例的增加会通过提高企业信息披露质量有助于企业创新，但主要在非国有企业中比较显著。马永强等（2019）发现若先天贫困出身的 CEO 后天接受了良好的教育则会显著促进企业创新。CEO 经历过 1959~1961 年经济三年困难时期，会导致企业研发投入的下降，但能促进资源利用效率的提升。而且，CEO 的职业经历越丰富，对企业创新促进作用越强。

再次，高管的教育背景对企业创新有重大影响，如海归高管对企业创新有利（陈雄兵和马苗苗，2019），当高管有学术经历时更可能通过产学研合作方式和降低信息不对称促进企业创新。周阳敏等（2019）认为企业家教育水平、职称、从业年限等个人特征通过促进企业创新，提升了企业盈利能力。具有技术背景的高管，会更加注重增加创新强度来获取更强的竞争优势。高管团队职能背景复杂不利于提升企业创新绩效，只有"产出型"高管对创新绩效有正向影响。最后，高管任期、管理层权力等都会影响企业创新，如田祥宇等（2018）发现董事长与 CEO、董事长与 CFO 任期交错会显著降低企业的创新投入水平，尤其是当国有企业董事长和 CEO 任期交错对企业创新投入的抑制效果更显著。而且，高管纵向兼任加剧了大股东掏空企业行为，从而抑制了企业创新。企业家创新专注和未吸收非知识冗余会显著正向影响传统制造企业的创新升级绩效。林等（Lin et al.，2020）发现管理层权力对企业创新绩效有显著正向影响。

2. 薪酬待遇

首先，高管薪酬方面。一方面，李春涛和宋敏（2010）发现 CEO

的薪酬激励可以促进企业创新，认为政府放松对国有企业高管薪酬的管制，能够提升国有企业创新效率。徐经长等（2019）以2009年出台的针对国有企业的限薪令作为外生政策冲击，发现与非国有企业相比，限薪令后国有企业高管的相对货币薪酬降低，抑制了企业创新投入的意愿。王玉霞和孙治一（2019）发现CEO货币薪酬激励与创新投入强度呈"U"型关系，CEO与董事长两职兼任更有利于促进企业创新。另一方面，股权激励方面，科尔斯等（Coles et al.，2006）、朱德胜和李少臣（2020）都认为股权激励可以降低代理成本，促进企业创新，这种激励效应在非国有企业中更显著。但唐清泉等（2011）、朱德胜和周晓珮（2016）等却认为当高管持股超过一定程度时，会产生风险规避倾向从而减少企业创新。朱德胜和李少臣（2020）也认为股权激励对企业创新活动的影响呈倒"U"型关系。此外，高管薪酬差距对企业创新也有重要影响。如牛建波等（2019）认为高管的薪酬差距有利于提高企业创新效率。公司CEO与公司所在行业薪酬最高CEO间的薪酬差距促进了企业创新产出。当企业高管薪酬高于行业高管薪酬均值时，则企业创新投入、创新质量和公司价值都显著得到提升。孙慧和任鸽（2020）发现高管团队垂直薪酬差距通过实施国际化战略对企业创新绩效具有显著的正向影响。而且，董事高管责任保险与公司创新和公司价值都显著正相关。

其次，员工待遇方面。毛和韦瑟斯（Mao & Weathers，2019）发现良好的员工待遇与创新数量和质量显著正相关，而且好的员工待遇提高了企业创新集中度。而且，劳动力成本上升会促使企业通过进口资本品来促进我国出口企业的创新，但主要促进了发明专利和实用新型两类创新活动。刘等（Liu et al.，2017）发现在有更高人力资本流动性的公司和创新更难的行业中，当人力资本被较好地联结时，人力资本可以促进更多的创新。江轩宇等（2019）发现当创新员工面临较大应税压力时，工薪所得税筹划可以通过降低工薪税负的不利影响和强化薪酬的激励效应，促进企业创新，人力资本水平越高的企业越倾向于投入创新。但是，顾欣和张雪洁（2019）却发现劳动力成本上升会对企业创新产生显著的抑制作用。蒲艳萍和顾冉（2019）发现中国企业劳动力工资向下扭曲显著抑制企业创新产出。而周冬华等（2019）发现员工持股计划主要通过降低代理成本、提高企业风险承担能力促进企业创新。

3. 融资结构

诸多学者探讨了自有资金和商业信用、信贷资金、股权融资和风险投资等不同来源资金对企业创新的影响。

首先，自有资金和商业信用方面。如布朗等（Brown et al., 2009）认为企业内部资金充足和信用评级更高时，研发成本更低，创新投入更多，创新成果对企业利润贡献也更大。叶永卫和李增福（2020）发现当民营企业尤其是小规模民营企业的经营业绩高于期望水平而处于相对富有状态时，创新投资会显著增加，而国有大规模企业则会削减创新投资。江诗松等（2019）发现企业尤其是民营企业更倾向于进行为了维护政企关系的"象征性创新"，这会造成社会财富浪费。企业可支配冗余对创新绩效具有显著的正向影响。而且，商业信用显著推动了中国企业创新，尤其对非上市私营企业创新最显著。王玉泽等（2019）则发现与银行信贷相比，商业信用无法有效支持企业的创新产出，并且会增加企业创新风险。

其次，信贷资金方面。如赫雷拉和米内蒂（Herrera & Minetti, 2007）认为有长期信贷关系的企业创新能力越强，大卫等（David et al., 2008）、温军等（2011）发现以银行贷款为主的关系型债务越多，则企业研发投入越多且研发投资效率越高。但张一林和樊纲治（2016）发现银行较少为缺乏抵押且不确定性较高的创新企业提供融资。周雪峰和左静静（2019）先后发现金融关联有助于企业获得银行贷款并对中小民企创新投资具有正向影响，但金融关联可能替代内部控制对企业创新投资产生正向效应。徐晨阳和王满（2019）发现债务异质性能够提升企业创新绩效。王玉泽等（2019）发现企业杠杆率与创新投入、创新产出之间存在倒"U"型关系，对创新风险的影响则呈"U"型关系，长期杠杆更能促进创新产出。吴尧和沈坤荣（2020）发现信贷期限结构长期化更能促进企业发明专利申请，尤其对国有企业以及融资约束程度低的企业更显著。但简佩茹（2019）采用案例研究方法发现社会负债会阻碍高新技术企业创新绩效的提升。

再次，股权融资方面。张一林等（2016）认为创新企业能够以新技术新产品的潜在高额回报吸引投资者，因此可以通过股权融资获得资金，但应加强法律监管和保护投资者权益。许长新和杨李华（2018）发现机构投资者通过干预管理层变动和左右董事会决议促进了企业创新，还发现战略型机构投资者有利于降低管理层人员流失风险和提升董事会决策效率，从而促进企业创新，而财务型机构投资者则正好相反，会抑制企业创新。

最后，风险投资方面。风险投资参与可以降低企业会计信息不对称，有助于企业获得更多的低成本贷款和缓解融资约束（武龙，2019）。田和王（Tian & Wang，2014）利用风险投资在最终失败的项目上持续的时间来衡量其风险容忍度，发现风险投资者的风险容忍度越高，则 IPO 公司创新能力更强。创业投资机构的持有时间越长，对被投企业创新投入的激励效果越好。而且，当期过多的研发投入会降低企业创新质量，其促进作用有滞后性，而风险投资参与可以促进企业创新质量提高。风险投资联合投资比独立投资更有利于企业创新绩效。但是，成果等（2020）发现政府背景风险投资通过董事会参与公司治理促进了企业创新投入，而非政府背景风险投资对上市后的企业出现"盘剥"行为从而阻碍企业创新投入。而且，风险投资在进入前对创业企业创新投入发挥了筛选效应，但进入后对企业上市当年及以后的创新投入都没有增值效应。

4. 股权质押

近年来大股东股权质押现象越来越多，对企业创新的影响也引起了学者们的广泛关注。如杨鸣京等（2019）发现大股东进行股权质押融资后为了维护控制权地位，会产生风险规避倾向和掏空动机，从而抑制了企业创新投资。控股股东股权质押会抑制企业突破式创新但对渐进式创新无影响。庞和王（Pang & Wang，2020）发现控制股东股权质押现象和质押比例都与公司未来创新产出和质量显著负相关。

5. 家族企业和混合所有制改革

首先，家族企业方面。严若森和吴梦茜（2020）发现家族控制对

R&D 投入有消极影响，但当企业信息透明度较高时，会抑制家族所有者为个人谋取私利的动机从而促进企业 R&D 投资增加。而且，二代涉入由于更重视约束型社会情感财富从而抑制了家族企业的创新投入。民营企业"去家族化"水平越高，企业研发投入和研发产出都更多，说明职业经理人为了提高市场竞争力从而推动了企业创新。并且，夫妇共同控制的家族企业具有更高的创新产出，尤其是在那些公司治理较好的公司更显著。

其次，混合所有制改革方面。如李文贵和余明桂（2015）发现非国有股权比例与民营化企业的创新活动显著正相关。混合所有制优化了国有企业的内部治理结构，有利于削弱地方政府对国有企业的依赖而对其创新产出的抑制效应。国有企业混合所有制改革降低了政府干预水平进而促进了国有企业创新。国有企业混合所有制改革中有外资比例时对企业创新投资才促进作用，只有民营股东时则作用不显著。同时，也有学者发现混合所有制改革对非国有企业创新影响显著，如罗宏和秦际栋（2019）发现所有制混合能显著提高企业创新绩效，而非国有企业所有制混合广度对创新绩效的促进作用比国有企业更显著。国有股权参股家族企业的混合所有制改革，能够通过提高家族企业进行创新活动的意愿并增加其创新资源，从而促进家族企业的创新投入。

6. 会计信息

企业会计信息方面，张文菲和金祥义（2018）发现盈余信息质量通过减轻代理问题和缓解融资约束有效地促进了企业创新。信息披露降低了融资约束并提高了企业现金流水平，显著促进了企业创新和增加了发明专利授权数。而且，企业透明度通过缓解融资约束和代理问题对高新技术企业技术创新存在正向影响。杨道广等（2019）指出会计控制水平与企业创新显著负相关，开发支出资本化与企业创新呈倒"U"型关系。

7. 内部控制、并购及其他

首先，内部控制方面。内部控制可以抑制由代理冲突和信息不对称引发的创新投入不足，降低创新活动风险，从而促进企业创新。王亚男和戴文涛（2019）发现这种正效应在市场化水平较低和法治环境差的地区企业作用更显著，而杨道广等（2019）发现这种正效应主要存在于国有企业、大型企业和非高新技术行业中。内部控制会增强企业可预测环境变动与企业创新之间的负相关关系，但只存在于非国有上市公司中。

其次，企业并购方面。陈爱贞和张鹏飞（2019）发现并购溢价和并购企业获得的短期超额收益都与目标企业的创新能力显著正相关。跨境并购与境内并购都通过提升企业生产率和无形资产存量从而促进创新，且跨境并购的创新效应更强，但两种方式都也加重了并购方的资产负债率，对创新也产生了负效应，而且境内并购所导致的垄断效应又抑制了企业创新。王保林和蒋建勋（2019）发现对外直接投资可以促进新兴市场企业技术创新绩效的显著提高。与 IPO 公司相比，反向收购公司上市后的创新产出更低。

最后，还有一些文献从供应链关系、客户集中度、企业文化、资源拼凑、产融结合、质量能力、创新网络、进口和出口等角度分析了对企业创新的影响（张军等，2020；赵璨等，2019；潘健平等，2019）。

二、外部制度环境

学者们关于影响企业创新的外部制度环境主要涵盖环保政策、资本市场、市场环境和制度环境、土地政策和房价、高铁开通等方面。

1. 环保政策

很多学者研究了政府环保政策对企业创新的影响。一方面，有学者认为环保政策促进了企业创新，如任等（Ren et al.，2020）发现面临更强环境规制的企业更倾向于进行研发创新并有更多的研发投入，排污权交易显著促进了受监管企业的专利和试点地区环境专利的增加。沈能和刘凤朝（2012）指出在行政命令型与公众自主参与型环境规制下，可以通过倒逼企业创新来提升企业出口竞争力。国际环境监管政策公布后，中国制造业上游企业专利申请数量显著增加。

另一方面，有学者认为环保政策抑制了企业创新，如张等（Zhang et al.，2020）发现节能政策的实施显著抑制了企业创新行为。沈能和刘凤朝（2012）发现环境规制强度和技术创新之间呈现"U"型关系，但苏昕和周升师（2019）还发现非正式环境规制与企业创新产出之间存在倒"U"型关系，其强度已经达到阻碍企业创新的程度。罗能生等（2019）发现空气污染通过对工艺创新和管理创新产生正向影响，而企业研发投入产生了负向影响。企业创新投入和产出都能降低能源强度，且企业创新产出作用更大。

2. 资本市场

资本市场发展水平对企业创新有重要影响，得到了诸多学者的验证。一方面，资本市场开放和外资银行进入加剧了金融市场竞争，降低了融资难度并缓解了企业融资约束，促进了企业加大研发投资规模和创新（Amore et al.，2013；Chava et al.，2013；Cornaggia et al.，2015；唐清泉和巫岑，2015；蔡竞和董艳，2016；张璇等，2017；吕铁和王海成，2019；徐飞，2019；李春涛等，2020）。解维敏和方红星（2011）、蔡地和万迪昉（2012）、周方召等（2014）都发现金融发展水平越高，企业研发活动和研发投入都更多。另一方面，也有学者发现银行信贷抑制了企业创新。如徐飞（2019）发现银行信贷偏好低创新企业，抑制了企业持续创新再投入。此外，张杰等（2017）发现银行结构性竞争对企业创新活动造成了显著的"U"型关系。吴尧和沈坤荣（2020）发现地区金融结构与企业创新产出质量之间存在倒"U"型关系，且股票市场发展程度高低都不利于提升企业创新产出质量。

此外，很多学者探讨了股票市场对企业创新的影响。一方面，一些学者认为股票市场促进了企业创新，市场可以有效识别而政府无法识别不同类型专利之间的价值差异（李晓霞等，2019）。如布朗等（Brown et al.，2009）指出美国20世纪90年代的创新高潮就是由股票市场推动的，缺乏内部资金的中小高科技企业主要通过发达的股票市场进行研发融资。布朗等（Brown et al.，2013）、徐等（Hsu et al.，2014）都发现股票市场融资便利会促进企业可持续的研发投资，沈等（Shen et al.，2020）也都发现当股价被高估时，公司创新投资会很高。企业创新能力与股票价格波动性负相关，可以弱化系统风险对股票价格波动性的冲击，有利于增强股票市场稳定性。另一方面，一些学者认为股票市场抑制了企业创新，如谢小芳等（2009）认为我国股市投资者存在短视行为，未能合理评估企业研发投资的价值，从而抑制了企业创新投资。肖虹和曲晓辉（2012）还发现股票的错误定价还会引发具有股权融资动机的公司进行盈余管理来配合研发投资迎合行为。杰杰克赫和田（JieJackHe & Tian，2013）发现分析师对经理实现短期目标施加了很大压力，阻碍了公司对长期创新项目的投资。方等（Fang et al.，2014）发现股票流动性增加，增加了敌意收购的风险和更多的非积极搜集信息和监督的机构投资者，从而降低了企业未来创新。

3. 市场环境和制度环境

一方面，一些学者研究了市场竞争对企业创新的影响，如熊彼特（Schumpeter，1942）最早指出市场竞争会迫使企业进行创新，当企业技术落后时，市场力量会增加企业创新动力。阿罗（Arrow，1962）、聂辉华等（2008）、沈坤荣和孙文杰（2009）、贝鲁贝等（Bérubé et al.，2012）都发现产品市场竞争程度越高就越能产生更大的创新激励，企业研发投入越多。此外，夏清华和黄剑（2019）发现竞争对于创新的作用呈现倒"U"型关系，只有在企业技术水平相当时，竞争可以促进创新，而当企业技术水平存在较大差距时，竞争却会阻碍技术落后的企业进行创新。

另一方面，一些学者研究了地区制度环境对企业创新的影响。如蔡地和万迪昉（2012）发现政府干预水平越高，则企业研发投入越低。企业需要通过寻租或贿赂等腐败行为寻求政府庇护（Kim et al.，2012；刘思明等，2015），以降低创新成果被侵权的风险，从而加大了企业研发的交易成本，抑制了企业进行创新的积极性（潘士远，2005；董雪兵和王争，2007；Lin et al.，2010）。因此，知识产权保护制度如果不完善，则企业进行创新活动面临极大的被模仿和被侵权风险从而降低创新收益，加强知识产权保护，可以促进企业创新和提高创新收益（李平等，2007；Fan et al.，2013）。投资者保护方面，如拉波尔塔等（La Porta et al.，1997）指出在投资者保护较差的国家，股票市场和债券市场规模都较小，这将会抑制企业创新融资。布朗等（Brown et al.，2013）发现较强的投资者保护和股票市场融资的较易进入都会促进企业持续性的高研发投资，这种效应在小公司尤其显著。而鲁桐和党印（2012）认为我国投资者保护较低，但公司加强投资者保护可以促进企业创新投入增加，从而促进企业价值的提升。吴延兵（2009）发现界定清晰的产权有利于促进企业创新效率的提高。

4. 土地政策和房价

一些学者研究了政府土地政策和房价对企业创新的影响。如徐妍和郭品（2019）发现房价上涨挤出了企业创新。上市公司增加房地产投资抑制了企业创新投入和技术人力资源投入，减少了创新产出，尤其在一线城市和非国有企业中抑制效应更显著。但郭熙保和龚广祥（2019）却发现不断上升的用地成本促使企业提高了创新投入，但主要是在东部企业、高效率企业和非国有企业中显著。还有学者研究了产业集聚区对企业创新的影响，如戴一鑫等（2019）认为产业集聚区主要通过资源配置效应和知识溢出效应促进了企业创新，主要对民营企业、中部地区及劳动密集型企业影响更大。但卡皮尔洛等（Cappiello et al.，2020）却发现在地方政府设立的产业集聚区，企业参与集聚计划反而对企业创新和企业绩效产生负面影响。

5. 其他

还有部分学者研究了高铁开通、"一带一路"倡议、军民融合、对外反倾销保护政策、城市群、大数据和互联网时代等对企业创新的影响。如谭建华等（2019）发现相对于未开通高铁城市的上市公司来说，位于开通高铁城市的上市公司的各类专利申请数量都显著增加，尤其在非国有企业、高新技术企业、融资约束较低的企业以及市场竞争激烈的行业中更加显著。王桂军和卢潇潇（2019）发现"一带一路"倡议可以显著地提高中国企业的创新水平，但主要依赖企业对外直接投资，对外反倾销保护政策通过规模经济效应显著地提高了国内的创新水平。闫佳祺等（2020）以上海天安为案例研究发现军民融合企业创新能力较强。城市群方面，如成果等（2020）发现属地经营通过增加政府订单和提供融资便利等政策扶持，抑制了企业创新投入，而企业进行省际市场扩张则有利于促进企业创新。大数据和互联网时代方面，如王金杰等（2018）发现互联网对企业创新绩效存在正向影响，尤其在资金密集型行业和技术密集型行业更显著。

第四节　文献述评

现有文献取得了丰富的研究成果，为本书的研究奠定了一定基础。现有文献主要从政府创新政策的工具和实施效果、高新技术认定政策的经济后果及企业创新的影响因素等方面进行了研究，但尚缺少以下两个方面的研究。

一、从信号传递理论视角研究高新技术企业认定政策的经济后果

现有研究主要从高新技术企业认定对企业研发操纵（杨国超等，2017；王兰芳等，2019）、企业创新（孙刚等，2016；简佩茹，2019）及规避税收（Chen et al.，2021；李维安等，2016）等方面的影响进行了研究，但企业获得高新技术企业认定是政府对企业创新能力的权威认可，向市场传递了企业创新能力较强的信号，具有信号传递媒介的作用，有助于企业获得其他创新资源。因此，本书将检验企业获得高新技术企业认定前后取得的银行贷款数量和企业价值变化的差异，从信号传递理论视角丰富和拓展高新技术企业认定的经济后果的相关研究。

二、从信息不对称理论视角研究政府创新政策的经济后果

现有围绕政府创新政策的研究集中于产业政策（余明桂等，2016；Xu et al.，2020；Yang et al.，2021）、国家中长期科学和技术发展规划纲要（寇宗来和刘学悦，2020）、专利资助奖励政策（张杰和郑文平，2018）、高新技术企业认定政策（杨国超和芮萌，2020；陈强远等，2020）、创新型城市试点政策（曾婧婧和周丹萍，2019；胡兆廉等，2021）等对技术创新的影响，但没有考虑到高新

技术企业认定作为一种筛选机制，有助于识别出真伪高新技术企业，可以缓解政府与企业之间的信息不对称。本书将高新技术企业认定次数作为识别真伪高新技术企业的依据，检验高新技术企业对企业创新的影响，可以从信息不对称理论视角丰富和拓展政府创新政策的经济后果的相关研究。

第三章

理论基础

创新是企业持续发展的动力源泉，可以为企业创造高额垄断利润和保持持续竞争优势（Solow，1956）。企业进行创新不仅取决于企业研发的能力，而且取决于其研发意愿。由于创新的正外部性、收益的非独占性、高风险性等特征，企业私人研发投入低于社会最优的研发投入（Arrow，1962），从而会降低社会整体福利，影响国家的整体科技竞争力，因此政府就有动机对企业创新投资提供支持。同时，由于企业研发投资存在严重的融资约束，创新投资的不确定性导致企业存在外部融资困难，难以凭借自身实力获得创新所需资源。本书认为高新技术企业认定传递出政府对于企业创新能力的权威认可信号，有助于降低企业和外部投资者之间的信息不对称，能够帮助企业从外部获取创新资源，有利于企业进一步加大创新活动和提高创新能力，从而促进企业绩效提升。因此，从本书的逻辑思路可以看出，本书建立在公共产品理论、资源依赖理论、信息不对称理论和信号传递理论基础上，主要就这些理论基础进行总结。

第一节　公共产品理论

公共产品理论认为市场是资源配置的主要手段，而在公共产品的提供、涉及国家安全及存在外部性影响的领域内需要政府进行经济干预。福利经济学理论指出，完全竞争的市场机制将导致帕累托最优状态。然而格林瓦尔德和斯蒂格利茨（Greenwald & Stiglitz，1986）研究发现，当存在市场不完备、信息不对称及非完全竞争时，市场不能自行达到帕累托最优状态，因此具有很强外部性的公共物品的供给就需要政府的干预。由于企业创新具有公共物品的外部性或技术溢出效应，企业虽然承担了创新的全部成本，但是从创新中获得的私人收益却低于社会收益，投资的正外部性导致企业不能独占全部创新收益或无法阻止技术外溢，这种市场失灵导致企业私人创新投资低于社会最优水平（Arrow，1962；Schumpeter，1942；Stiglitz，1989；Griliches，1992）。曼斯菲尔德等（Mansfield et al.，1977）研究发现研发的社会收益确实高于私人收益。琼斯和威廉姆斯（Jones & Williams，1998）指出，最优研发投资至少是实际研发投资的 2 ~ 4 倍。严成樑等（2010）也发现，我国最优研发投资规模比实际研发投资规模要大，指出增加研发投资有利于提高经济效率。同时，拉赫和沙克曼（Lach & Schankerman，1989）指出，为了防止人才流失和取得投资成功，企业必须保证长期持续的研发投资。南达和罗兹—克罗夫（Nanda & Rhodes-Kropf，2013）也指出企业申请专利只是完成了开发工作的第一步，专利转化为被市场接受的产品还需要很长时间，存在较大不确定性。因此不仅创新收益的非独占性会导致市场失灵和企业私人研发投资不足，创新活动具有的高投入、高风险性、高转换成本也会造成私人创新活动的经济风险过大，从而导致企业缺乏创新动力（Himmelberg & Petersen，1994；Eberhart et al.，2008），因此就需要政府对企业创新进行干预。罗默（Romer，1987，1990）、阿吉翁和豪伊特（Aghion & Howitt，1996）、格罗斯曼和赫尔普曼（Grossman & Helpman，1996）将 R&D 纳入经济增长框架中，认为技术进步是 R&D 活动的结果，R&D 活动可以促使企业和国家获得某种垄断优势，可以实现技术赶超（Griffith et al.，2004）和促进生产率增长，但是由于知识外溢效应的存在会扭曲 R&D 活动，此时就需要政府采取税收、法律、知识产权保护、贸易及金融等方面的支持以保证经济的长期增长。

1776 年，史密斯（Smith，1776）在《国民财富的性质和原因的研究》一书中提出了"看不见的手"定理，认为市场竞争可以促使资源配置达到最优化，政府只应在维护国家安全、保护社会成员不受侵害及维修某些公共工程和公共设施等方面采取措施以弥补市场失效。之后，萨伊（Say，1803）也指出公办教育和国家应对技术研究进行资助。庇古（Pigou，1920）进一步指出，由于存在外部性，市场无法使资源配置达到"帕累托最优"，因此需要国家进行经济干预以消除外部性的影响，从而实现社会福利的增加。凯恩斯（Keynes，1936）在《就业、利息和货币通论》一书中提出国家干预理论，指出不可能通过市场的自动调节达到充分就业，应通过政府这只"看得见的手"对经济进行全面干预，增加公共投资以弥补私人投资的不足。政府干预经济是弥补市场不足的重要手段，可以解决垄断和信息不对称导致的道德风险、正负外部性及公共利益等问题。钟海燕等（2010）发现受政府行政干预强的国有公司投资行为都优于受内部人控制的公司，认为在市场机制尚未有效约束经理代理行为之前，政府行政干预可以作为市场机制的一种替代。斯蒂格勒（Stigler，1971）指出政府对于任何行业来说都是一种潜在资源或威胁，政府拥有赋予或强制夺走资源的权力，能够有选择地帮助或损害大量的行业。政府首先要做的就是明晰产权（Coase，1937），通过实施合适的财政、金融等政策降低单个企业的交易费用（林毅夫，2010）。在我国经济发展的各个阶段都存在政府对产业的干预（周亚虹等，2015；Huang et al.，2017），地方政府有地方经济发展与居民就业的考核压力，因此政府有动力参与企业创新活动，政府政策扶持不仅促进了企业研发活动的增加（Lin et al.，2010），而且促进了就业增长（Link，1982）和经济增长。

　　然而根据政府失灵理论，政府存在决策信息不完全、缺乏有效监督和激励、公共支出规模过大或无效率等问题，从而降低了社会整体福利。政府干预会导致企业投资过度和投资效率低下（Chen et al.，2011），抑制经济增长方式转变，阻碍地区经济发展。比森和温斯坦（Beason & Weinstein，1996）发现政府补贴会导致企业低增长及规模报酬递减，并不能促进企业效率与获利能力的提高。肖文和林高榜（2014）指出虽然我国近年来出台了不少支持企业技术创新的政策，但创新效率却相对低下。谭劲松等（2012）指出政府干预是导致银行不良贷款的主要原因。本书所研究的高新技术企业认定政策就是建立在公共产品理论基础上的政府扶持企业创新的政策之一，是政府引导企业创新和实现建立创新型国家目标的重要战略，其对企业创新和企业绩效影响的经济后果尚有待进一步探讨。

第二节　资源依赖理论

资源依赖理论的主要代表作是普费弗和萨拉尼克（Pfeffer & Salancik）1978 年出版的《组织的外部控制》，主要是研究组织变迁活动和组织关系。所谓资源依赖理论，是指组织需要依赖外部环境以从中获取资源进行生存和发展。组织需要与周围环境相互依存、相互作用才能达到获取资源的目的，并且组织可以通过其他选择寻求能够稳定掌握组织生存和发展所需的关键资源的方法，减轻对外部环境的依赖程度以降低环境不确定性的冲击。

资源依赖理论指出，组织最关心的是生存，但组织无法生产生存所需要的全部资源，因此组织必须与其他组织建立联系或通过控制其他组织，从而获取资源和进行资源交换。资源依赖理论认为由于环境的不确定性和资源的稀缺性，组织总是想方设法通过掌握一定权力来获取资源，并且通过游说、合并、联合等方式来改变环境以适应自身的发展。

资源依赖理论认为，各个组织之间的资源存在很大差别，如组织的管理能力就有极大不同之处，组织内部有些成员可以为组织提供更多的资源，显然要比无法提供更多资源的成员对组织更加重要。这些资源虽然无法在市场上进行自由交易，但却能比有形的固定资产更能给企业带来长期竞争优势。因此，组织总是试图支配环境、改善与控制资源的组织成员或其他组织的关系，以降低对外部环境的依赖并能够灵活应对突发事件。

资源依赖理论尤其重视对核心资源的控制，认为企业的竞争优势和相互差异是由企业不同的资源特性形成的（Lee et al.，2001）。然而企业对于资源选择和积累的过程通常并不是完全理性的，只能基于企业有限的认知、不完全信息来进行选择。而企业之间盈利能力的差异和超额利润的来源正是来自企业能够有效识别和充分利用有价值的稀缺资源，哪些企业能够获得和拥有更多关键的、难以复制和替代的资源，就可以拥有更大的经营自主权和市场掌控权，就具备更多的影响或控制其他资源较少企业的权力。

企业的行动和决策通常会受到多种驱动力的作用，给企业提供资源的外部机构，往往能够在很大程度上影响企业的行为。资源依赖理论认为企业为了克服外部资源约束的障碍，通常会采用内部结构调整和外部政治行为等策略性的行为模式来实现自身利益最大化。所以在理解企业的行动和决策时，需参考外部机构的相关政策或行为才能对企业行为进行更好的分析和解释。

资源依赖理论所作出的重要贡献就是揭示了组织对环境的依赖关系，即组织需要从外部组织和外部环境中获取资源，同时组织为了减轻或缓解对环境的高度依赖和避免环境变化的冲击，也会试图通过一些政治性行为改变环境或影响环境变化，从而为自己的生存和发展创造更好的条件。资源依赖理论为研究企业在财务会计过程中资源依赖和利用策略提供了理论分析工具。

对于企业创新而言，由于研发投资存在严重的融资约束，企业需要依赖外部环境获取有价值的、稀缺的关键创新资源，能够获得较多创新资源的企业就具有较大自主权，可以提高企业的核心竞争力。本书研究的高新技术企业认定就是企业从政府获得的稀缺资源，还可以给企业带来税收优惠及其他政府扶持，是企业为了获取资源和减轻对环境的依赖程度对政府政策作出的积极响应，因此本书将在后续研究中探讨高新技术企业认定给企业带来的资源对企业绩效的影响。

第三节　信息不对称理论

信息不对称理论指出参与市场经济的人员对市场信息的掌握和了解存在很大差异，信息是一种经济资源，信息提供者拥有比信息使用者更加充分的信息，从而处于有利地位，信息提供者可以通过向信息使用者传递信息而获得相应收益，从而可以缓解市场上的信息不对称。

信息不对称理论最早源于阿克洛夫（Akerlof，1970）在《次品问题》一文中针对二手车市场交易提出"信息市场"概念，他指出由于旧车市场的卖主隐藏了旧车不良信息而导致卖主与买主之间产生交易矛盾，从而导致旧车市场交易日益萧条。买主往往愿意出高价购买保养良好的车，然而却发现在二手车交易中自己经常处于不利地位，实际购买到的可能是车况较差的二手车，因此买主就会刻意压价甚至购买价低于卖主的收购价，这将会造成交易无法正常实现。而卖主为了能够实现收益，就会用质量更差的旧车销售给想买较低价位车的买主，这样就会导致二手车的质量越来越差，从而最终导致旧车市场交易进入恶性循环而逐渐衰落。由于卖主与买主之间的信息不对称使得双方最终对交易结果不满意，从而影响了正常的商品交易过程。但对于二手车卖主来说，如果一直坚持卖好车从而建立良好的声誉信号获得买主的理解和信任，就会大大降低交易成本和顺利完成交易。

美国经济学家斯彭斯（Spence，1973）在论文《劳动市场的信号》中从劳动力市场的角度分析了用人单位和应聘者之间的信息不对称。他指出，应聘者通过层层包装自己，使得用人单位很难判断真假。他提出了一个"获得成本"概念，举例说如果应聘者拥有一个较难获得的学历，就相对更具有可信度。无论是对于个人、企业，还是对于政府来说，当人才市场的信息不对称不能直接表达个人的能力和信息时，可以通过信号传递获取相关信息。此外，对于企业来说，进行负债经营和分红派息都能传递企业对未来经营良好的预期信号。

美国经济学家斯蒂格利茨（Stiglitz，1989）分析了保险市场存在的大量信息不对称情形，因为被保险人掌握大量个人信息，而保险公司对此并不知晓，结果造成一些保险人在购买车险以后会减少保养次数和费用，从而导致在出现事故后保险公司就要大量进行理赔，增加了保险公司的成本和风险。因此，他指出要想解决保险理赔过程中的逆向选择问题，可以让被保险人自主选择是采用较高的自赔率加上较低的保险费用的投保方式还是采用较低的自赔率加上较高的保险费用的投保方式，这样可以对被保险人构成约束，以减轻信息不对称的危害。

此外，在金融领域中也存在大量的信息不对称，大量出现的企业骗取贷款、骗取出口退税及银行大量呆账和坏账，都来源于企业和银行之间的信息不对称。信息不对称理论为信贷配给、股价波动、商品销售、就业及司法体系等很多社会现象也都提供了有效解释。传统经济学假设"经济人"拥有完全信息，而市场经济中市场主体无法占有完全信息，信息不对称会导致信息占有者为个人利益而损害信息使用者的利益，导致道德风险和逆向选择，从而扭曲了市场机制作用，误导市场信息，引起市场失灵。因此，政府应充分发挥在市场经济中的有效监督作用，以缓解信息不对称对市场经济的冲击和危害。

信息不对称理论引导人们关注信息的重要性，并且指出了市场经济中个人、企业、银行及政府等各利益相关者获取和掌握的信息资源不同，从而导致不同利益相关者所承担的风险和获取的收益存在较大差异。由于社会生活和经济生活中存在大量信息不对称，导致人们需要花费经济成本去搜寻信息，同时也说明了信息传递的重要性，信息不对称的减少可以缓解交易双方之间的不确定性，并且可以促进交易的实现和保障双方的收益。

从企业创新的角度来看，信息不对称直接导致了创新的研发投入、周期、新技术或新产品价值、科技成果能否成功转化和未来收益等都具有极大不确定性（Gilbert & Newbery, 1982），从而拉大了企业和外部投资者之间的信息差距，增加了企业创新风险，不利于企业从资本市场进行创新融资。企业可以通过加大研发信息披露等方式以减轻投资者对企业创新的不确定性，从而提高投资者对企业未来收益的信心（Aboody & Lev, 1998）。同时，由于信息不对称及市场不完备，企业创新的正外部性导致企业无法独占创新收益，从而使得企业创新投资低于社会最优水平，此时就需要政府对企业创新进行干预以实现社会福利最大化（Arrow, 1962；Greenwald & Stiglitz, 1986；Griliches, 1992）。

政府对企业创新进行干预和扶持可以降低企业和外部信息使用者的信息搜寻成本，提高社会资源配置效率，主要体现在以下三个方面。首先，大力发展资本市场和金融中介。在资本市场发达地区，投资者和银行获取企业创新的信息更加便捷，能够有效评价企业研发投资项目的质量，可以向更有创新能力和发展前景的企业提供资金支持（Diamond，1984）。其次，政府应加强信息资源传递的网络建设，由政府提供充足的信息供给可以缓解信息不对称对企业的消极影响，可以减少企业的顾虑并降低投资成本，促使其加强基础研究开发。通过建立信息网络，建立共享的集成数据环境，交易双方可以通过大量获取市场信号和高质量信息从而作出正确决策。最后，大力发展教育事业，扩大科学知识信息的传播。政府通过各种媒体加强传播信息，通过开展各种形式的教育尤其是民办教育，加强信息供给，从而降低落后地区信息获取成本和实现资源优化配置。总之，政府营造有利于企业创新的制度环境和支持企业创新的氛围，可以有效地缓解信息不对称造成的对企业创新的制约。

第四节　信号传递理论

信号传递理论认为掌握较多信息的一方向拥有信息量较少的一方传递相关交易信息，可以改进市场运行状况。信号传递理论建立在信息不对称理论的基础上，由斯彭斯（Spence，1973）首次建立的信号传递模型，认为教育具有信号传递的作用。之后诸多经济学家，如米尔格罗姆和罗伯茨（Milgrom & Roberts，1982）、乔和克雷普斯（Cho & Kreps，1987）等对信号传递模型进行了发展，指出信号传递是有成本的，不同行为人发送同一个信号的代价和成本是有差异的。罗斯（Rose，1977）最先将信号传递理论应用于财务领域的研究，他认为企业经理拥有企业大量的投资信息，经理可以通过公布企业的资本结构情况或者股利政策情况向外部投资者传递关于企业的投资信息。西方财务学家指出公司向外部投资者传递内部信息通常是通过利润、股利和融资宣告三种方式进行的，因为企业经理了解和掌握有关企业的收益与风险信息，但外部投资者并不知晓这些内部信息，所以外部投资者只能通过企业经理公布出来的信息来对公司状况进行判断和评价，这些宣告就是投资者获取公司内部信息的有效途径。虽然各位学者建立的信号传递模型的假设条件各不相同，但他们都一致认为企业经理拥有更多的投资者所不知道的公司内部信息。

美国学者林特纳（Lintner，1965）发现经理对分配股利的决策是很谨慎的，只有在确定公司未来收益较好且稳定时，才会提高股利分配，否则会削减股利，因此他认为公司股利分配政策与其长期的财务收益水平相关。理论界大多认为佩蒂特（Pettit，1972）是最早关注股利信息的市场反应的学者，他认为公司经理为了应对信息披露的监管要求，通常会采用股利分配政策向市场投资者传递有关公司未来一段时间预期收益的信息。

罗斯（Rose，1977）认为企业经理对企业的未来收益和投资风险有外部投资者所不知道的大量内部信息，投资者可以通过经理传递的有关企业资本结构构成信息或股利分配信息来对企业价值和企业状况进行判断。如果经理提高了企业的负债比率，显示经理预期企业未来发展前景较好，并且企业短时期内资金充足，投资者就会对企业未来收益充满信心。同时当经理发放较高的股利时，往往传递出经理对公司未来收益比较有把握。然而当企业意图投资具有较高收益、高风险且需要大量资金投入的项目时，经理筹资的顺序通常是内部资金—负债—股票。因此，投资者可以通过经理对资本结构和股利政策的选择来判断企业的未来发展状况。罗斯（Rose，1977）还指出因为要承担高昂的成本和被投资者识破的风险，业绩好的企业的信号很难被业绩差的企业所模仿，且经理总是很乐意传递出关于公司的真实信号，而且经理发出的信号必须和公司可以观测到的具体事件相联系，现实中也没有能够比目前的信息传递工具传递信息质量更好而成本更低的方式。

凯恩等（Kane et al.，1984）发现上市公司同时发布的盈利信息与股利分配信息显著相关，认为当实际盈余高于或低于预期盈余时，投资者会更关注未预期的股利变化。而埃尔法哈尼（Elfakhani，1995）认为资本市场投资者更加关注股利信号的性质而不是股利变化的方向，传递利好信息与传递利空信息的股利将会导致正负不同的市场反应。与投资者可以预期的股利相比，非预期的股利变化信息更能影响信息发布前后的股价变化。

信号传递理论虽然被财务学者广泛研究，然而却无法解释在有良好业绩的高成长性行业中的企业股利支付率却偏低的现象，以及无法对不同行业和不同国家的股利差别进行有效预测和解释。但这并不影响信号传递理论在经济学、财务领域、金融领域等的广泛应用。企业通过不同性质和不同方式的信息发布，可以向政府、银行及市场投资者等利益相关者传递相关内部信息，降低信息不对称，有利于利益相关者作出相关决策，从而有利于企业获取相关资源。

对于企业创新而言，研发投资由于高风险性使得企业和外部投资者、政府之间都存在严重的信息不对称。一方面，企业拥有研发信息，若充分披露则存在被竞争者模仿的风险，不利于企业保护核心技术，而若披露不充分，则会影响外部投资者对企业投资项目和未来收益的信心，阻碍企业外部融资；另一方面，由于企业技术能力信息披露机制不完善，企业通常会发送虚假的创新信号或进行负向盈余操纵以获取政府研发补贴，这种行为极大削弱了政府研发补贴对企业创新活动的激励效应（Gill & Kharas，2007；安同良等，2009；王红建等，2014）。此外，政府对企业创新的干预有利于降低企业和外部信息使用者之间的信息不对称，降低信息搜寻成本，提高社会资源配置效率。如政府给予企业的研发补贴具有信号传递作用，帮助企业贴上被政府认可的信号，有利于帮助企业获取外部创新融资（Lerner，2000；Kleer，2010；Meuleman & Maeseneire，2012；高艳慧等，2012）。本书认为企业获得的高新技术企业认定具有信号传递的作用，传递了政府对于企业创新能力的权威认可信号，有助于降低企业和外部投资者之间的信息不对称，因此本书将在后续研究中探讨企业获得的高新技术企业认定对资本市场股价的影响。

第四章

中国高新技术企业认定
政策的演进历程

中国高新技术企业认定政策从 1991 年首次发布以来，历经 1996 年、2000 年、2008 年和 2016 年四次修订，将认定企业的范围和实施税收优惠的范围逐步从国家高新技术产业开发区内扩展到国家高新技术产业开发区外以及全国范围内，以促进高新技术企业的快速发展。为了更好地了解高新技术企业认定政策的实施目标和实施方式，本书分别从政策出台背景、认定机构、认定条件、认定程序、税收优惠和监督管理六个方面，将中国高新技术企业认定政策的演进历程按照政策修订时间进行归纳总结，具体包括以下五个阶段。

第一节　国家高新技术产业开发区内认定（1991 年）

一、政策出台背景

1978 年，全国科学大会召开，重申了科学技术是生产力，指出现代化的关键是科学技术现代化，澄清了长期以来束缚科学技术发展的重大理论是非问题，自此迎来了科学的春天。1980 年中国科学院研究员陈春先成立了"中关村第一家民营科技企业"，开展有经济活动的科技推广、咨询和新产品发展服务，率先进行科技成果转化，带动了大批科研人员创立了更多的科技企业，开启了具有划时代意义的"中关村电子一条街"的发展。根据 1985 年《中共中央关于科学技术体制改革的决定》，在对国家重点项目实行计划管理的同时，动用经济杠杆和市场调节，使科学技术机构具有自我发展的能力和自觉为经济建设服务的活力。1988 年由国家科委等 7 家单位组成的中央联合调查组发布的《中关村电子一条街调查报告》得到了中央政府的高度重视，当年中国第一个高新技术产业开发实验区即北京市新技术产业开发试验区获批成立，拉开了日后中国科技园区大规模成立的帷幕。

为了贯彻《中共中央关于制定国民经济和社会发展十年规划和"八五"计划的建议》中关于"继续推进'火炬'计划的实施，办好高新技术开发区"的精神，加快高新技术产业的发展，国务院决定，在各地已建立的高新技术产业开发区中，再选定一批开发区作为国家高新技术产业开发区，并给予相应的优惠政策。为了建立我国的高新技术产业，促进高新技术企业快速发展，国务院于 1991 年发布了《国家高新技术产业开发区高新技术企业认定条件和办法》，将武汉东湖新技术开发区、南京浦口高新技术外向型开发区等 21 个产业开发区列为国家高新技术产业开发区，授权原国家科委组织开展国家高新技术产业开发区内高新技术企业认定工作，并配套制定了财政、税收、金融、贸易等一系列优惠政策。

二、认定机构

1991 年高新技术企业认定政策是将各省、自治区、直辖市、计划单列市科学技术委员会作为管理开发区内高新技术企业认定工作的主管机关，负责监督高新技术企业认定工作的实施。国家高新技术产业开发区办公室在人民政府领导和省、市科委指导监督下，具体办理高新技术企业的审批认定事宜。

三、认定条件

1991 年高新技术企业认定政策指出"高新技术企业是知识密集、技术密集的经济实体"，规定国家高新技术产业开发区内的高新技术企业，必须具备以下各项条件。

（1）从事高新技术领域内一种或多种高技术及其产品的研究、开发、生产和经营业务。单纯的商业经营除外。

（2）实行独立核算、自主经营、自负盈亏。

（3）企业的负责人是熟悉本企业产品研究、开发、生产和经营的科技人员，并且是本企业的专职人员。

（4）具有大专以上学历的科技人员占企业职工总数的30%以上：从事高新技术产品研究、开发的科技人员应占企业职工总数的10%以上。从事高新技术产品生产或业务的劳动密集型高新技术企业，具有大专以上学历的科技人员占企业职工总数的20%以上。

（5）有10万元以上资金，并有与其业务规模相适应的经营场所和设施。

（6）用于高新技术及其产品研究、开发的经费应占本企业每年总收入3%以上。

（7）高新技术企业的总收入，一般由技术性收入、高新技术产品产值、一般技术产品产值和技术性相关贸易组成。高新技术企业的技术性收入与高新技术产品产值的总和应占本企业当年总收入的50%以上。

（8）有明确的企业章程和严格的技术、财务管理制度。

（9）企业的经营期在10年以上。

四、高新技术领域

根据当时世界科学技术发展现状，1991年高新技术企业认定政策规定的高新技术领域包括以下11个方面，并且将根据国内外技术发展状况进行调整。

（1）微电子科学和电子信息技术；

（2）空间科学和航空航天技术；

（3）光电子科学和光电一体化技术；

（4）生命科学和生物工程技术；

（5）材料科学和新材料技术；

（6）能源科学和新能源、高效节能技术；

（7）生态科学和环境保护技术；

（8）地球科学和海洋工程技术；

（9）基本物质科学和辐射技术；

（10）医药科学和生物医学工程；

（11）其他在传统产业基础上应用的新工艺、新技术。

五、认定程序

1991 年高新技术企业认定政策规定兴办高新技术企业，须向国家高新技术产业开发区办公室提出申请，经国家高新技术产业开发区办公室核定后，由省（区、市）科委批准并发给高新技术企业证书。

六、税收优惠

1991 年高新技术企业认定政策规定国家高新技术产业开发区企业从获得认定之日起，减按 15% 的税率征收企业所得税。国家高新技术产业开发区企业出口产品的产值达到当年总产值 70% 以上的，经税务机关核定，减按 10% 的税率征收企业所得税。同时还规定开发区企业的贷款，一律在征收所得税后归还。

对于新办的国家高新技术产业开发区企业，经企业申请，税务机关批准，从投产年度起，2 年内免征所得税。对新办的中外合资经营的开发区企业，合营期在 10 年以上的，经企业申请税务机关批准，可从开始获利年度起，前 2 年免征所得税。在经济特区和经济技术开发区地域范围内的国家高新技术产业开发区企业，是外商投资企业的，仍执行特区或经济技术开发区的各项税收政策，不受前两项规定的限制。免税期满后，纳税确有困难的，经批准在一定期限内给予适当减免税照顾。

对内资办的国家高新技术产业开发区企业，其进行技术转让以及在技术转让过程中发生的与技术转让有关的技术咨询、技术业务、技术培训所得，年净收入在 30 万元以下的，可暂免征收企业所得税；超过 30 万元的部分，按适用税率征收所得税。内资办的开发区企业，以自筹资金新建技术开发和生产经营用房，按国家产业政策确定免征建筑税（或投资方向调节税）。对其属于"火炬"计划开发范围的高新技术产品，凡符合新产品减免税条件并按规定减免产品税、增值税的税款，可专项用于技术开发，不计征企业所得税。对内资办的开发区企业减征或免征的税款统一作为国家扶持基金，单独核算，由有关部门监督专项用于高新技术及产品的开发。

有关进出口货物的关税优惠问题按以下规定办理。

（1）在高新技术产业开发区内开办的高新技术企业为生产出口产品而进口的原材料和零部件，免领进口许可证，海关凭出口合同以及高新技术产业开发区的批准文件验收。

（2）经海关批准，高新技术企业可以在高新技术产业开发区内设立保税仓库、保税工厂。海关按照进料加工的有关规定，以实际加工出口数量，免征进口关税和进口环节产品税、增值税。

（3）高新技术企业生产的出口产品，除国家限制出口或者另有规定的产品以外，都免征出口关税。

（4）保税货物转为内销，必须经原审批部门批准和海关许可，并照章纳税。其中属于国家实行配额和进口许可证管理的产品，需按国家有关规定报批补办进口手续和申领进口许可证。

（5）高新技术企业用于高新技术开发而国内不能生产的仪器和设备，凭审批部门的批准文件，经海关审核后，免征进口关税。

海关认为必要时可在高新技术产业开发区内设置机构或派驻监管小组，对进出口货物进行管理。

七、监督管理

国家科委会同有关部门将定期对高新技术产业开发区进行检查。对于其中管理不善或进展缓慢的国家高新技术产业开发区，将中止其优惠政策的实行，直至取消其国家高新技术产业开发区的资格。

第二节　国家高新技术企业产业开发区外开始认定（1996 年）

一、政策出台背景

1991 年以来，各地科委根据《国务院关于批准国家高新技术产业开发区和有关政策规定的通知》文件精神，在国家高新技术产业开发区外先后组织认定了 2000 多家高新技术企业，对推动和促进我国高新技术产业的建立和发展做了大量积极有益的工作。为规范全国高新技术企业的认定，根据 1993 年《中华人民共和国科学技术进步法》和 1991 年发布的《国务院关于批准国家高新技术产业开发区和有关政策规定的通知》有关规定，根据形势的需要，1996 年将高新技术企业认定范围扩展到国家高新区外，国家科委发布了《国家高新技术产业开发区外高新技术企业认定条件和办法》。

二、认定机构

1996 年高新技术企业认定政策规定国家科委火炬计划办公室是国家科委负责国家高新技术产业开发区外高新技术企业认定工作的日常管理机构。省、自治区、直辖市、计划单列市科学技术委员会是人民政府管理当地高新技术企业认定工作的主管机关，负责监督高新技术企业认定工作的实施。

三、认定条件

1996 年高新技术企业认定政策指出"高新技术企业是知识密集、技术密集的经济实体"，规定国家高新技术产业开发区外高新技术企业必须具备以下各项条件。

（1）从事《国家高新技术产业开发区外高新技术企业认定条件和办法》第四条规定范围内的一种或多种高新技术及其产品的研究、开发、生产和经营业务。

（2）产权明晰，实行独立核算，自主经营，自负盈亏。

（3）已有二年以上的营运期，运行机制良好。

（4）具有大专以上学历的科技人员应占企业职工总数的 30% 以上，从事高新技术产品研究、开发的科技人员占企业职工总数的 10% 以上。从事高新技术产品生产或服务的劳动密集型高新技术企业，具有大专以上学历的科研人员占企业职工总数的 20% 以上。

（5）年总收入在 3000 万元以上，全员劳动生产率在 15 万元/人×

年以上，年人均利税在 3 万元以上，并有与其规模相适应的生产、经营场所和设施。技术性收入占本企业当年总收入 50% 以上的开发型高新技术企业，年总收入可限定在 1000 万元以上。

（6）用于高新技术及其产品研究、开发的经费应占本企业每年总收入的 4% 以上。

（7）企业的技术性收入与高新技术产品产值的总和应占本企业当年总收入的 70% 以上。

（8）有明确的企业章程和严格的技术、财务管理制度。

（9）企业的注册经营期在十年以上。

此外，按国家规定全部核减行政事业费的开发区外全民所有制科研单位，符合上述高新技术企业认定条件的，经省级科委批准，可认定为开发区外高新技术企业。国家高新技术产业开发区高新技术企业的认定，按照 1991 年政策执行。

四、高新技术领域

1996 年高新技术企业认定政策规定的高新技术领域与 1991 年政策相同，包括以下 11 个方面。

（1）微电子科学和电子信息技术；

（2）空间科学和航空航天技术；

（3）光电子科学和光电一体化技术；

（4）生命科学和生物工程技术；

（5）材料科学和新材料技术；

（6）能源科学和新能源、高效节能技术；

（7）生态科学和环境保护技术；

（8）地球科学和海洋工程技术；

（9）基本物质科学和辐射技术；

（10）医药科学和生物医学工程；

（11）其他在传统产业基础上应用的新工艺、新技术。

五、认定程序

1996 年高新技术企业认定政策规定开发区外的企业申报高新技术

企业，须向所在地市级科委提出申请，经审核后，报省级科委批准，并颁发高新技术企业证书。

六、税收优惠

1996 年高新技术企业认定政策规定经认定的开发区外高新技术企业享受国家及地方规定的有关优惠政策。经省级科委、开发区管委会批准的高新技术创业服务中心，可享受高新技术企业的优惠政策。除了可以继续享受 1991 年政策规定的税收优惠及各地方税收优惠政策外，根据 1994 年开始实施的《中华人民共和国企业所得税暂行条例》和财政部与国家税务总局发布的《关于企业所得税若干优惠政策的通知》，经税务机关审核，高新技术企业可以享受以下税收优惠。

（1）国务院批准的高新技术产业开发区的企业，减按 15% 的税率征收所得税，新办的高新技术企业自投产年度起免征所得税两年。具体是指：国务院批准的高新技术产业开发区内的企业，经有关部门认定为高新技术企业的，可减按 15% 的税率征收所得税；国务院批准的高新技术产业开发区内新办的高新技术企业，自投产年度起免征所得税两年。

（2）企业事业单位进行技术转让，以及在技术转让过程中发生的与技术转让相关的技术咨询、技术服务、技术培训所得，年净收入在 30 万元以下的，暂免征收所得税。具体是指：企业事业单位进行技术转让以及在技术转让过程中发生的与技术转有关的技术咨询、技术服务、技术培训所得，年净收入在 30 万元以下的暂免征所得税；超过 30 万元的部分，依法缴纳所得税。

七、监督管理

省级科委应每年按高新技术企业认定的条件对国家高新技术产业开发区外高新技术企业进行复核。对连续两年不符合上述条件的企业，应取消其高新技术企业名称和资格。同时，开发区外高新技术企业变更经营范围、合并、分立、转业、迁移或歇业的，须进行重新申报认定，并向工商、税务等部门办理相应的登记。

第三节　国家高新技术企业产业
开发区内认定标准提高（2000 年）

一、政策出台背景

1997 年党的十五大提出要求，"要充分估量未来科学技术特别是高技术发展对综合国力、社会经济结构和人民生活的巨大影响，把加速科技进步放在经济社会发展的关键地位"。《中共中央、国务院关于加强技术创新，发展高科技，实现产业化的决定》对加强我国高新技术企业的研究开发活动提出了更新更高的要求，指出企业是技术创新的主体，技术创新是发展高科技、实现产业化的重要前提。为贯彻中央决定精神，国家科委对《国家高新技术产业开发区高新技术企业认定条件和办法》的相关条款进行了修订，再次修订了国家高新区内高新技术企业认定标准。

二、认定机构

2000 年高新技术企业认定政策规定科学技术部负责归口管理和指导全国高新技术企业认定工作。各省、自治区、直辖市、计划单列市科技行政管理部门（以下简称省、市科技行政管理部门）具体负责该政策在当地的实施工作。

三、认定条件

2000 年高新技术企业认定政策规定高新技术企业认定的条件包括以下几个方面。

（1）从事高新技术企业领域内的一种或多种高新技术及其产品的研究开发、生产和技术服务。单纯的商业贸易除外。企业的高新技术产品，由省、市科技行政管理部门根据高新技术产品目录进行认定。

（2）具有企业法人资格。

（3）具有大专以上学历的科技人员占企业职工总数的 30% 以上，其中从事高新技术产品研究开发的科技人员应占企业职工总数的 10%

以上。从事高新技术产品生产或服务为主的劳动密集型高新技术企业，具有大专以上学历的科技人员应占企业职工总数的20%以上。

（4）企业每年用于高新技术及其产品研究开发的经费应占本企业当年总销售额的5%以上。

（5）高新技术企业的技术性收入与高新技术产品销售收入的总和应占本企业当年总收入的60%以上；新办企业在高新技术领域的投入占总投入60%以上。

（6）企业的主要负责人应是熟悉本企业产品研究、开发、生产和经营，并重视技术创新的本企业专职人员。

四、高新技术领域

2000年高新技术企业认定政策根据世界科学技术发展趋势和我国的科技、经济、社会发展战略，划定以下高新技术范围。

（1）电子与信息技术；

（2）生物工程和新医药技术；

（3）新材料及应用技术；

（4）先进制造技术；

（5）航空航天技术；

（6）现代农业技术；

（7）新能源与高效节能技术；

（8）环境保护新技术；

（9）海洋工程技术；

（10）核应用技术；

（11）其他在传统产业改造中应用的新工艺、新技术。

科学技术部根据以上高新技术范围制定颁布高新技术产品目录，并根据世界高新技术的发展对高新技术范围和高新技术产品目录适时进行补充和修订。

五、认定程序

2000年高新技术企业认定政策规定国家高新技术产业开发区内高

新技术企业的认定，须向高新区管委会提出申请，经高新区管委会审核后，由省、市科技行政管理部门批准并发给高新技术企业证书。

六、税收优惠

2000 年高新技术企业认定政策规定经认定的高新技术企业享受国家政策规定的优惠待遇，但不能享受国家高新技术产业开发区内认定企业 15% 的企业所得税优惠。根据财政部和国家税务总局发布的《关于贯彻落实〈中共中央国务院关于加强技术创新发展高科技实现产业化的决定〉有关税收问题的通知》，高新技术企业可以享受以下税收优惠。

（1）增值税。一般纳税人销售其自行开发生产的计算机软件产品，可按法定 17% 的税率征收后，对实际税负超过 6% 的部分实行即征即退。属生产企业的小规模纳税人，生产销售计算机软件按 6% 的征收率计算缴纳增值税；属商业企业的小规模纳税人，销售计算机软件按 4% 的征收率计算缴纳增值税，并可由税务机关分别按不同的征收率代开增值税发票。对随同计算机网络、计算机硬件、机器设备等一并销售的软件产品，应当分别核算销售额。如果未分别核算或核算不清，按照计算机网络或计算机硬件以及机器设备等的适用税率征收增值税，不予退税。计算机软件产品是指记载有计算机程序及其有关文档的存储介质（包括软盘、硬盘、光盘等）。对经过国家版权局注册登记，在销售时一并转让著作权、所有权的计算机软件征收营业税，不征收增值税。

（2）营业税。对单位和个人（包括外商投资企业、外商投资设立的研究开发中心、外国企业和外籍个人）从事技术转让、技术开发业务和与之相关的技术咨询、技术服务业务取得的收入，免征营业税。

（3）企业所得税。对社会力量，包括企业单位（不含外商投资企业和外国企业）、事业单位、社会团体、个人和个体工商户，资助非关联的科研机构和高等学校研究开发新产品、新技术、新工艺所发生的研究开发经费，经主管税务机关审核确定，其资助支出可以全额在当年度应纳税所得额中扣除。当年度应纳税所得额不足抵扣的，不得结转抵扣。非关联的科研机构和高等学校是指，不是资助企业所属或投资的，并且其科研成果不是唯一提供给资助企业的科研机构和高等学校。企业向所属的科研机构和高等学校提供的研究开发经费资助支出，不实行抵扣应纳税所得额办法。企业等社会力量向科研机构和高等学校资助研究开发经费，申请抵扣应纳税所得额时，须提供科研机构和高等学校开具的研究开发项目计划、资金收款证明及其他税务机关要求提供的相关资料，不能提供相关资料的，税务机关可不予受理。软件开发企业实际发放的工资总额，在计算应纳税所得额时准予扣除。

（4）进出口税收。对企业（包括外商投资企业、外国企业）为生产《国家高新技术产品目录》的产品而进口所需的自用设备及按照合同随设备进口的技术及配套件、备件，除《国内投资项目不予免税的进口商品目录》所列商品外，免征关税和进口环节增值税。对企业（包括外商投资企业、外国企业）引进属于《国家高新技术产品目录》所列的先进技术，按合同规定向境外支付的软件费，免征关税和进口环节增值税。对列入科技部、外经贸部《中国高新技术商品出口目录》的产品，凡出口退税率未达到征税率的，经国家税务总局核准，产品出口后，可按征税率及现行出口退税管理规定办理退税。

七、监督管理

省、市科技行政管理部门会同高新区管委会对经认定的高新技术企业每两年进行资格复审。不合格者，取消其高新技术企业的资格。对企业集团（总公司）及其下属企业（公司）进行高新技术企业认定时，应分别审查、认定。经认定的高新技术企业变更经营范围、合并、分立、转业、迁移的，需对其重新认定。

第四节　全国范围统一认定标准（2008 年）

一、政策出台背景

自 1991 年以来，我国高新技术企业工业增加值连年稳步增长，对促进科技与经济的结合、推动新兴产业发展、实现经济增长都起到了极为重要的作用。但是，截至 2007 年底，全国规模以上企业开展科技研发活动的仅占 25%，研究开发支出占企业销售收入的比重仅占 0.56%，大中型企业为 0.76%，高新技术企业平均为 2%；只有万分之三的企业拥有自主知识产权。这说明，整体上我国企业研发机构少，研发投入强度低，创新能力明显不足。近年来，国际科技竞争日益激烈，自主创新能力已成为一个国家长远发展的核心竞争力。发达国家凭借强大的技术优势和市场优势，在国际竞争中长期处于垄断地位，创新能力不足已成为当前制约我国高新技术企业和产业升级发展的瓶颈。

2006 年全国科学技术大会和 2007 年党的十七大的召开，为我国高新技术企业及其产业的发展，提出了新的更高的要求。为了全面贯彻落实党的十七大精神和中共中央、国务院《关于实施科技规划纲要增强自主创新能力的决定》，配合落实 2007 年 3 月全国人大通过的《中华人民共和国企业所得税法》有关高新技术企业的优惠政策，大力提升我国高新技术企业的自主创新能力，实现产业升级发展，科技部在总结以往高新技术企业认定管理工作的基础上，同财政部、国家税务总局共同制定了新的《高新技术企业认定管理办法》，并于 2008 年 4 月 14 日正式发布。

2008 年高新技术企业认定管理办法首次将国家高新技术产业开发区内外高新技术企业认定标准进行了统一，规范了认定操作程序，改革了原有的管理体制，并且加强了各项政策的协调。

二、认定机构

2008 年高新技术企业认定管理办法规定各省、自治区、直辖市、计划单列市科技行政管理部门同本级财政、税务部门组成本地区高新技术企业认定管理机构（以下称"认定机构"），其主要职责为以下四个方面。

（1）负责本行政区域内的高新技术企业认定工作；

（2）接受企业提出的高新技术企业资格复审；

（3）负责对已认定企业进行监督检查，受理、核实并处理有关举报；

（4）选择参与高新技术企业认定工作的专家并报领导小组办公室备案。

三、认定条件

2008 年高新技术企业认定管理办法指出"高新技术企业是在《国家重点支持的高新技术领域》内，持续进行研究开发与技术成果转化，形成企业核心自主知识产权，并以此为基础开展经营活动，在中国境内（不包括港、澳、台地区）注册一年以上的居民企业"。高新技术企业认定须同时满足以下六个条件。

（1）在中国境内（不含港、澳、台地区）注册的企业，近三年内通过自主研发、受让、受赠、并购等方式，或通过五年以上的独占许可方式，对其主要产品（服务）的核心技术拥有自主知识产权。

（2）产品（服务）属于《国家重点支持的高新技术领域》规定的范围。

（3）具有大学专科以上学历的科技人员占企业当年职工总数的30%以上，其中研发人员占企业当年职工总数的10%以上。

（4）企业为获得科学技术（不包括人文、社会科学）新知识，创造性运用科学技术新知识，或实质性改进技术、产品（服务）而持续进行了研究开发活动，且近三个会计年度的研究开发费用总额占销售收入总额的比例符合如下要求：最近一年销售收入小于5000万元的企业，比例不低于6%；最近一年销售收入在5000万~20000万元的企业，比例不低于4%；最近一年销售收入在20000万元以上的企业，比例不低于3%。其中，企业在中国境内发生的研究开发费用总额占全部研究开发费用总额的比例不低于60%。企业注册成立时间不足三年的，按实际经营年限计算。

（5）高新技术产品（服务）收入占企业当年总收入的60%以上。

（6）企业研究开发组织管理水平、科技成果转化能力、自主知识产权数量、销售与总资产成长性等指标符合《高新技术企业认定管理工作指引》的要求。

其中，根据 2008 年《高新技术企业认定管理工作指引》，高新技术企业认定量化考核指标包括四项，分别是核心自主知识产权（30）、科技成果转化能力（30）、研究开发组织管理水平（20）及成长性指标（20）。这四项指标用于评价企业利用科技资源进行创新、经营创新和取得创新成果等方面的情况，需经过专家审核打分。指标采取加权记分方式，须达到 70 分以上（不含 70 分）。对四项指标赋予不同的数值，企业不拥有核心自主知识产权的赋值为零。每项指标分数比例分为六个档次（A，B，C，D，E，F），分别是：0.80 ~ 1.0、0.60 ~ 0.79、0.40 ~ 0.59、0.20 ~ 0.39、0.01 ~ 0.19、0。各项指标实际得分 = 本指标赋值×分数比例。评价指标以申报之日前三个年度的数据为准。如企业创办期不足三年，以实际经营年限为准。

四、高新技术领域

2008 年高新技术企业认定管理办法取消了高新技术产品目录，对高新技术领域作出了较大调整，进行了详细界定，规定了国家重点支持的高新技术八大领域。

（1）电子信息技术；
（2）生物与新医药技术；
（3）航空航天技术；
（4）新材料技术；
（5）高技术服务业；
（6）新能源及节能技术；
（7）资源与环境技术；
（8）高新技术改造传统产业。

五、认定程序

根据 2008 年高新技术企业认定管理办法，具体认定流程如下（见图 4 - 1）。

（1）企业自我评价。企业应对照《高新技术企业认定办法》中的认定条件进行自我评价。认为符合条件的在"高新技术企业认定管理

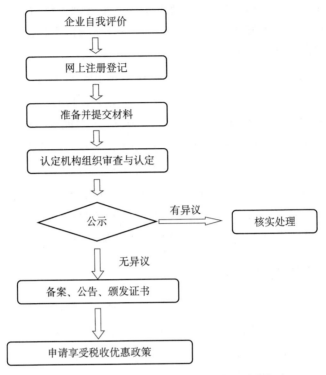

图 4-1 2008 年认定办法高新技术企业认定程序

资料来源：2008 年《高新技术企业认定管理工作指引》。

工作网"（网址：www.innocom.gov.cn）进行注册登记。

（2）网上注册登记。企业登录"高新技术企业认定管理工作网"，按要求填写《企业注册登记表》，并通过网络系统上传至认定机构。认定机构应及时完成企业身份确认并将用户名和密码告知企业。

（3）准备并提交材料。企业根据获得的用户名和密码进入网上认定管理系统，按要求将下列材料提交认定机构：《高新技术企业认定申请书》；企业营业执照副本、税务登记证书（复印件）；经具有资质并符合 2008 年《高新技术企业认定管理工作指引》相关条件的中介机构鉴证的企业近三个会计年度研究开发费用（实际年限不足三年的按实际经营年限）、近一个会计年度高新技术产品（服务）收入专项审计报告；经具有资质的中介机构鉴证的企业近三个会计年度的财务报表（含资产负债表、利润及利润分配表、现金流量表，实际年限不足三年的按实际经营年限）；技术创新活动证明材料，包括知识产权证书、独占许可协议、生产批文，新产品或新技术证明（查新）材料、产品质量检验报告；省级（含计划单列市）以上科技计划立项证明；其他相关证明材料。

（4）认定机构组织审查与认定。认定机构收到企业申请材料后，按技术领域从专家库中随机抽取不少于五名相关专家，并将电子材料（隐去企业身份信息）通过网络工作系统分发给所选专家。认定机构收到专家的评价意见和中介机构的专项审计报告后，对申请企业提出认定意见，并确定高新技术企业认定名单。上述工作应在收到企业申请材料后六十个工作日内完成。

（5）备案、公告、颁发证书。经认定的高新技术企业，在"高新技术企业认定管理工作网"上公示十五个工作日。公示有异议的，由认定机构对有关问题进行查实处理，属实的应取消高新技术企业资格；公示无异议的，填写高新技术企业认定机构审批备案汇总表，报领导小组办公室备案后，在"高新技术企业认定管理工作网"上公告认定结果，并由认定机构颁发"高新技术企业证书"（加盖科技、财政、税务部门公章）。高新技术企业资格自颁发证书之日起生效，有效期为三年。高新技术企业资格期满前三个月内企业应提出复审申请，不提出复审申请或复审不合格的，其高新技术企业资格到期自动失效。

（6）申请享受税收优惠政策。企业获得"高新技术企业证书"后，自认定（复审）当年起可依照《企业所得税法》及《中华人民共和国企业所得税法实施条例》（以下简称《实施条例》）、《中华人民共和国税收征收管理法》（以下简称《税收征管法》）、《中华人民共和国税收征收管理法实施细则》（以下简称《实施细则》）和《高新技术企业认定办法》等有关规定，申请享受税收优惠政策。

六、税收优惠

近年来在建设创新型国家的战略指引下，国家逐渐加大了对高新技术企业的扶持力度，以通过鼓励创新的政策导向和新税制优化对产业结构的引导功能，进一步增强我国高新技术企业以自主研发为核心的综合创新能力，促进高新技术产业升级发展。2008 年认定办法与之前认定政策相比，最大的区别就是国家高新技术产业开发区外企业也可以享受税收优惠。根据 2008 开始实施的《中华人民共和国企业所得税法》及实施条例，以及《财政部 国家税务总局 科技部关于完善研究开发费用税前加计扣除政策的通知》，高新技术企业可以享受以下税收优惠。

（1）国家需要重点扶持的高新技术企业，减按 15% 的税率征收企业所得税。

（2）创业投资企业采取股权投资方式投资于未上市的中小高新技术企业二年以上的，可以按照其投资额的 70% 在股权持有满二年的当年抵扣该创业投资企业的应纳税所得额；当年不足抵扣的，可以在以后纳税年度结转抵扣。

（3）企业开展研发活动中实际发生的研发费用，未形成无形资产计入当期损益的，在按规定据实扣除的基础上，按照本年度实际发生额的 50%，从本年度应纳税所得额中扣除；形成无形资产的，按照无形资产成本的 150% 在税前摊销。

（4）企业委托外部机构或个人进行研发活动所发生的费用，按照费用实际发生额的 80% 计入委托方研发费用并计算加计扣除，受托方不得再进行加计扣除。委托外部研究开发费用实际发生额应按照独立交易原则确定。

七、监督管理

2008 年高新技术企业认定管理办法规定高新技术企业资格自颁发证书之日起有效期为三年。企业应在期满前三个月内提出复审申请，不提出复审申请或复审不合格的，其高新技术企业资格到期自动失效。高新技术企业复审须提交近三年开展研究开发等技术创新活动的报告。复审时应重点审查近三年研发费用占销售收入总额的比例是否符合要求，对符合条件的，按照上述认定程序进行公示与备案。通过复审的高新技术企业资格有效期为三年。期满后，企业再次提出认定申请的，按认定程序的规定办理。高新技术企业经营业务、生产技术活动等发生重大变化（如并购、重组、转业等）的，应在十五日内向认定管理机构报告；变化后不符合本办法规定条件的，应自当年起终止其高新技术企业资格；需要申请高新技术企业认定的，按本办法第十一条的规定办理。高新技术企业更名的，由认定机构确认并经公示、备案后重新核发认定证书，编号与有效期不变。

同时，2008 年高新技术企业认定管理办法中规定了详细的罚则，对于已认定的高新技术企业有下述情况之一的，应取消其资格。

（1）在申请认定过程中提供虚假信息的；

（2）有偷税、骗税等行为的；

（3）发生重大安全、质量事故的；

（4）有环境等违法、违规行为，受到有关部门处罚的。

被取消高新技术企业资格的企业，认定机构在五年内不再受理该企业的认定申请。参与高新技术企业认定工作的各类机构和人员对所承担认定工作负有诚信以及合规义务，并对申报认定企业的有关资料信息负有保密义务。违反高新技术企业认定工作相关要求和纪律的，给予相应处理。

第五节　加大对科技型企业认定力度（2016 年）

一、政策出台背景

2012 年党的十八大提出实施创新驱动发展战略。党的十八届五中全会提出"创新、协调、绿色、开放、共享"的新发展理念，指出创新是引领发展的第一动力。在我国供给侧改革和"大众创业、万众创新"的背景下，2016 年 1 月我国政府又重新修订了《高新技术企业认定管理办法》，进一步降低了认定标准，加大对创新型企业尤其是中小企业的扶持力度，简化了认定流程，缩短了公示时间，并且扩充了重点支持的高新技术领域，以激励更多的企业增加研发投入和提高经济效益。

二、认定机构

2016 年认定办法指出科技部、财政部、税务总局负责全国高新技术企业认定工作的指导、管理和监督。高新技术企业认定管理机构由各省、自治区、直辖市、计划单列市科技行政管理部门同本级财政、税务部门组成。认定机构下设办公室，由省级、计划单列市科技、财政、税务部门相关人员组成，办公室设在省级、计划单列市科技行政主管部门。认定机构主要职责有以下五方面。

（1）负责本行政区域内的高新技术企业认定工作，每年向领导小组办公室提交本地区高新技术企业认定管理工作报告；

（2）负责将认定后的高新技术企业按要求报领导小组办公室备案，对通过备案的企业颁发高新技术企业证书；

（3）负责遴选参与认定工作的评审专家（包括技术专家和财务专家），并加强监督管理；

（4）负责对已认定企业进行监督检查，受理、核实并处理复核申请及有关举报等事项，落实领导小组及其办公室提出的整改建议；

（5）完成领导小组办公室交办的其他工作。

三、认定条件

2016 年认定办法指出，高新技术企业是指在《国家重点支持的高新技术领域》内，持续进行研究开发与技术成果转化，形成企业核心自主知识产权，并以此为基础开展经营活动，在中国境内（不包括港、澳、台地区）注册的居民企业。认定为高新技术企业须同时满足以下条件。

（1）企业申请认定时须注册成立一年以上。

（2）企业通过自主研发、受让、受赠、并购等方式，获得对其主要产品（服务）在技术上发挥核心支持作用的知识产权的所有权。

（3）对企业主要产品（服务）发挥核心支持作用的技术属于《国家重点支持的高新技术领域》规定的范围。

（4）企业从事研发和相关技术创新活动的科技人员占企业当年职工总数的比例不低于 10%。

（5）企业近三个会计年度（实际经营期不满三年的按实际经营时间计算）的研究开发费用总额占同期销售收入总额的比例符合以下要

求：最近一年销售收入小于 5000 万元（含）的企业，比例不低于 5%；最近一年销售收入在 5000 万~2 亿元（含）的企业，比例不低于 4%；最近一年销售收入在 2 亿元以上的企业，比例不低于 3%。其中，企业在中国境内发生的研究开发费用总额占全部研究开发费用总额的比例不低于 60%。

（6）近一年高新技术产品（服务）收入占企业同期总收入的比例不低于 60%。

（7）企业创新能力评价应达到相应要求。

（8）企业申请认定前一年内未发生重大安全、重大质量事故或严重环境违法行为。

企业获得高新技术企业资格后，应每年五月底前在"高新技术企业认定管理工作网"填报上一年度知识产权、科技人员、研发费用、经营收入等年度发展情况报表。通过认定的高新技术企业，其资格自颁发证书之日起有效期为三年。到期后高新技术企业可以申请重新认定，但与 2008 年认定办法规定的复审有所区别。

四、高新技术领域

相对于 2008 年认定办法，2016 年认定办法将高新技术领域具体内容进行了扩充，将制造业中的增材制造与应用等新技术和服务业中的检验检测认证等技术，以及文化创意、电子商务与现代物流等领域的相关技术纳入支持范围，同时剔除了一批落后技术，使政策优惠更好地发挥对科技创新的引导作用。国家重点支持的高新技术领域具体包括以下八个方面。

（1）电子信息；

（2）生物与新医药；

（3）航空航天；

（4）新材料；

（5）高技术服务；

（6）新能源与节能；

（7）资源与环境；

（8）先进制造与自动化。

五、认定程序

根据2016年认定办法，高新技术企业认定程序如下（见图4-2）。

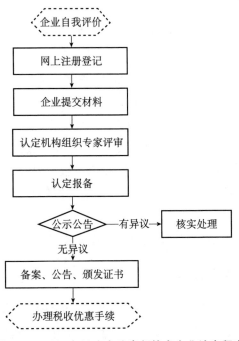

图4-2 2016年认定办法高新技术企业认定程序

资料来源：2016年《高新技术企业认定管理工作指引》。

（1）企业自我评价。企业应对照2016年《高新技术企业认定管理办法》和《高新技术企业认定管理工作指引》进行自我评价。

（2）网上注册登记。企业登录"高新技术企业认定管理工作网"，按要求填写《企业注册登记表》，并通过网络系统提交至认定机构。认定机构核对企业注册信息，在网络系统上确认激活后，企业可以开展后续申报工作。

（3）企业提交材料。企业登录"高新技术企业认定管理工作网"，按要求填写《高新技术企业认定申请书》，通过网络系统提交至认定机构，并向认定机构提交下列书面材料：《高新技术企业认定申请书》；证明企业依法成立的《营业执照》等相关注册登记证件的复印件；知识产权相关材料（知识产权证书及反映技术水平的证明材料、参与制定标准情况等）、科研项目立项（已验收或结题项目需附验收或结题报告）、科技成果转化（总体情况与转化形式、应用成效的逐项说明）、研究开发组织管理（总体情况与四项指标符合情况的具体说明）等相关材料；企业高新技术产品（服务）的关键技术和技术指标的具体说明，相关的生产批文、认证认可和资质证书、产品质量检验报告等材料；企业职工和科技人员情况说明材料，包括在职、兼职和临时聘用人员人数、人员学历结构、科技人员名单及其工作岗位等；经具有资质并符合《工作指引》相关条件的中介机构出具的企业近三个会计年度（实际年限不足三年的按实际经营年限）研究开发费用、近一个会计年度高新技术产品（服务）收入专项审计或鉴证报告，并附研究开发活动说明材料；经具有资质的中介机构鉴证的企业近三个会计年度的财务会计报告（包括会计报表、会计报表附注和财务情况说明书）；近三个会计年度企业所得税年度纳税申报表（包括主表及附表）。对涉密企业，须将申请认定高新技术企业的申报材料进行脱密处理，确保涉密信息安全。

（4）认定机构组织专家评审。认定机构收到企业申请材料后，根据企业主营产品（服务）的核心技术所属技术领域在符合评审要求的专家中，随机抽取专家组成专家组，对每家企业进行评审的评审专家不少于五人（其中技术专家不少于60%，并至少有一名财务专家）。每名技术专家单独填写《高新技术企业认定技术专家评价表》，每名财务专家单独填写《高新技术企业认定财务专家评价表》，专家组长汇总各位专家分数，按分数平均值填写《高新技术企业认定专家组综合评价表》。具备条件的地区可进行网络评审。

（5）认定报备。认定机构结合专家组评审意见，对申请企业申报材料进行综合审查（可视情况对部分企业进行实地核查），提出认定意见，确定认定高新技术企业名单，报领导小组办公室备案，报送时间不得晚于每年11月底。

（6）公示公告。经认定报备的企业名单，由领导小组办公室在

"高新技术企业认定管理工作网"公示 10 个工作日。无异议的，予以备案，认定时间以公示时间为准，核发证书编号，并在"高新技术企业认定管理工作网"上公告企业名单，由认定机构向企业颁发统一印制的"高新技术企业证书"（加盖认定机构科技、财政、税务部门公章）；有异议的，须以书面形式实名向领导小组办公室提出，由认定机构核实处理。领导小组办公室对报备企业可进行随机抽查，对存在问题的企业交由认定机构核实情况并提出处理建议。高新技术企业资格自颁发证书之日起生效，有效期为三年。高新技术企业资格期满后需重新申请认定。

（7）办理税收优惠手续。自获得高新技术企业认定当年起，企业可持"高新技术企业"证书及其复印件，按照《企业所得税法》《实施条例》《税收征管法》《实施细则》《高新技术企业认定管理工作指引》以及 2016 年《高新技术企业认定管理办法》等有关规定，到主管税务机关办理相关手续，享受税收优惠。

此外，根据科技部火炬中心印发《关于推动高新技术企业认定管理与服务便利化的通知》，为了充分发挥高新技术企业对新冠肺炎疫情期间复工复产和经济平稳运行的支撑保障作用，进一步创新管理方式、提升服务水平，推动高新技术企业高质量发展，各地认定管理机构推行全流程网上办理，简化高新技术企业申报材料，落实专利证书电子化政策，减轻企业申报负担，全面提升认定管理工作便利化和电子化水平，加强高新技术企业培育和监督管理。同时，根据科技部火炬中心印发的《关于加强对外资企业高新技术企业认定指导和服务的通知》，为了引导外资企业更多地投向高新技术企业产业，要利用线上线下平台组织宣讲和答疑服务，建立基于网络的便捷管理服务体系，进一步提升高新技术企业认定管理工作的服务质量和服务效率。

六、税收优惠

近年来国家不断加大对高新技术企业的税收优惠，以鼓励和引导企业创新。2016 年认定办法规定通过认定的高新技术企业，可依照《企业所得税法》及其《实施条例》、《税收征管法》及其《实施细则》等有关规定，申报享受税收优惠政策。企业获得高新技术企业资格后，自高新技术企业证书颁发之日所在年度起享受税收优惠，可到主管税务机关办理税收优惠手续。根据 2008 开始实施的《企业所得税法》及其《实施条例》，以及财政部、国家税务总局、科技部发布的《关于提高研究开发费用税前加计扣除比例的通知》《关于延长高新技术企业和科技型中小企业亏损结转年限的通知》《关于企业委托境外研究开发费用税前加计扣除有关政策问题的通知》，财政部、国家税务总局《关于进一步完善研发费用税前加计扣除政策的公告财税》，目前高新技术企业可以享受以下税收优惠。

（1）国家需要重点扶持的高新技术企业，减按 15% 的税率征收企业所得税。

（2）创业投资企业采取股权投资方式投资于未上市的中小高新技术企业二年以上的，可以按照其投资额的 70% 在股权持有满二年的当年抵扣该创业投资企业的应纳税所得额；当年不足抵扣的，可以在以后纳税年度结转抵扣。

（3）企业开展研发活动中实际发生的研发费用，未形成无形资产计入当期损益的，在按规定据实扣除的基础上，在 2018 年 1 月 1 日至 2020 年 12 月 31 日期间，再按照实际发生额的 75% 在税前加计扣除；形成无形资产的，在上述期间按照无形资产成本的 175% 在税前摊销。

（4）制造业企业开展研发活动中实际发生的研发费用，未形成无形资产计入当期损益的，在按规定据实扣除的基础上，自 2021 年 1 月 1 日起，再按照实际发生额的 100% 在税前加计扣除；形成无形资产的，自 2021 年 1 月 1 日起，按照无形资产成本的 200% 在税前摊销。

（5）自 2018 年 1 月 1 日起，当年具备高新技术企业的企业，其具备资格年度之前五个年度发生的尚未弥补完的亏损，准予结转以后年度弥补，最长结转年限由五年延长至十年。

（6）委托境外（不包括境外个人）进行研发活动所发生的费用，按照费用实际发生额的 80% 计入委托方的委托境外研发费用。委托境外研发费用不超过境内符合条件的研发费用 2/3 的部分，可以按规定在企业所得税前加计扣除。

高新技术企业资格期满当年内，在通过重新认定前，其企业所得税暂按 15% 的税率预缴，在年度汇算清缴前未取得高新技术企业资格的，应按规定补缴税款。

七、监督管理

2016 年认定办法加强了对高新技术企业的监督管理，例如 2016 年认定办法规定，承担认定工作专项审计报告或鉴证报告的中介机构当年的注册会计师或税务师人数占职工全年月平均人数的比例从 2008 年认定办法的不低于 20% 提高为 30%；加入了有高级技术职称或具有注册会计师或税务师资格且从事财税工作十年以上的要求；规定对每家企业进行评审的评审专家不少于五人，其中技术专家不少于 60%，并至少要有一名财务专家；将认定报备的高新技术企业名单在"高新技术企业认定管理工作网"上公示日期由十五个工作日缩短为十个工作日；2008 年认定办法对于核心自主知识产权按照获得项数打分，2016 年认定办法将企业知识产权采用分类评价方式，发明专利按 Ⅰ 类评价，实用新型专利和外观设计专利等按 Ⅱ 类评价，Ⅱ 类评价的知识产权在申请高新技术企认定时，仅限使用一次，未来年度不能再次使用；2016 年认定办法对各项评价指标打分更加详细和严格，对知识产权的评价除了考虑知识产权数量外，加大了对技术的先进程度，对主要产品（服务）在技术上发挥核心支持作用，知识产权获得方式及企业参与编制国家标准、行业标准、检测方法和技术规范情况的定性评价；2016 年认定办法对企业成长性的评价指标由 2008 年认定办法的总资产增长率修改为净资产增长率，扩大了销售收入的涵盖范围。同时，2016 年认定办法降低了对被取消高新技术企业资格企业的再申请年限规定，从 2008 年的五年内不得申请缩短为一年内不得申请。

科技部、财政部、税务总局建立随机抽查和重点检查机制，加强对各地高新技术企业认定管理工作的监督检查。对存在问题的认定机构提出整改意见并限期改正，问题严重的给予通报批评，逾期不改的暂停其认定管理工作。对已认定的高新技术企业，有关部门在日常管理过程中发现其不符合认定条件的，应提请认定机构复核。复核后确认不符合认定条件的，由认定机构取消其高新技术企业资格，并通知税务机关追缴其不符合认定条件年度起已享受的税收优惠。

高新技术企业发生更名或与认定条件有关的重大变化（如分立、合并、重组以及经营业务发生变化等）应在三个月内向认定机构报告。经认定机构审核符合认定条件的，其高新技术企业资格不变，对于企业更名的，重新核发认定证书，编号与有效期不变；不符合认定条件的，自更名或条件变化年度起取消其高新技术企业资格。跨认定机构管理区域整体迁移的高新技术企业，在其高新技术企业资格有效期内完成迁移的，其资格继续有效；跨认定机构管理区域部分搬迁的，由迁入地认定机构按照本办法重新认定。

已认定的高新技术企业有下列行为之一的，由认定机构取消其高新技术企业资格。

（1）在申请认定过程中存在严重弄虚作假行为的；

（2）发生重大安全、重大质量事故或有严重环境违法行为的；

（3）未按期报告与认定条件有关重大变化情况，或累计两年未填报年度发展情况报表的。

已认定的高新技术企业，无论何种原因被取消高新技术企业资格的，当年不得再次申请高新技术企业认定。对被取消高新技术企业资格的企业，由认定机构通知税务机关按《税收征管法》及有关规定，追缴其自发生上述行为之日所属年度起已享受的高新技术企业税收优惠。参与高新技术企业认定工作的各类机构和人员对所承担的有关工作负有诚信、合规、保密义务。违反高新技术企业认定工作相关要求和纪律的，给予相应处理。

第六节　小结

从 1991 年国家颁布高新技术企业认定政策以来，历经 1996 年、2000 年、2008 年和 2016 年四次修订，高新技术企业认定政策越来越规范，认定标准更加明确，监督管理也不断强化。本书将五次发布的高新技术企业认定政策进行了对比分析，具体内容如表 4-1 所示。

表 4-1

历年高新技术企业认定政策对比

项目	1991 年	1996 年	2000 年	2008 年	2016 年
认定机构	国家高新技术产业开发区办公室	省、自治区、直辖市、计划单列市科学技术委员会	科学技术部负责归口管理和指导。各省、自治区、直辖市、计划单列市科技行政管理部门，具体负责实施	科技部、财政部、国家税务总局负责全国高新技术企业认定工作的指导、管理和监督。高新技术企业认定机构由各省、自治区、直辖市、计划单列市科技行政管理部门同本级财政、税务部门组成	科技部、财政部、国家税务总局负责全国高新技术企业认定工作的指导、管理和监督。高新技术企业认定机构由各省、自治区、直辖市、计划单列市科技行政管理部门同本级财政、税务部门组成
认定条件	(1) 从事高新技术领域内的一种或多种高新技术及其产品的研究、开发、生产和经营业务。单纯的商业经营业除外。 (2) 实行独立核算，自主经营，自负盈亏。 (3) 企业的负责人是熟悉本企业产品研究、开发、生产和经营的科技人员，并且是本企业的专职人员。 (4) 具有大专以上学历的科技人员应占企业职工总数的	(1) 从事高新技术领域内的一种或多种高新技术及其产品的研究、开发、生产和经营业务。 (2) 产权明晰，实行独立核算，自主经营，自负盈亏。 (3) 已有二年以上的营运期，运行机制良好。 (4) 具有大专以上学历的科技人员应占企业职工总数的 30% 以上，从事高新技术产品研究、开发的科技	(1) 从事高新技术领域内的一种或多种高新技术及其产品的研究开发、生产及技术服务。单纯的商业贸易经营除外。企业生产的高新技术产品，由省、市科技行政管理部门根据高新技术产品目录进行认定。 (2) 具有企业法人资格。 (3) 具有大专以上学历的科技人员占企业职工总数的 30% 以上，其中从事高新技术产品研究开发的科技人员应占企业职工的 10% 以上。 (4) 企业为开发、生产高新技术产品或服务为主的劳动密集型高新技	(1) 在中国境内（不含港、澳、台地区）注册的企业，近三年内通过自主研发、受让、受赠、并购等方式，或通过 5 年以上的独占许可方式，对其主要产品（服务）的核心技术拥有自主知识产权。 (2) 产品（服务）属于《国家重点支持的高新技术领域》规定的范围。 (3) 具有大学专科以上学历的科技人员占企业当年职工总数的 30% 以上，其中研发人员占企业当年职工总数的 10% 以上。 (4) 企业为获得科学技术（不包括人文、社会科学）知识、创造性运用科学技术新	(1) 企业申请认定时须注册成立一年以上。 (2) 企业通过自主研发、受让、受赠、并购等方式，获得对其主要产品（服务）在技术上发挥核心支持作用的知识产权的所有权。 (3) 对企业主要产品（服务）发挥核心支持作用的技术属于高新技术领域规定的范围。 (4) 企业从事研发和相关技术创新活动的科技人员占企业当年职工总数的比例不低于 10%。 (5) 企业近三个会计年度（实际经营期不满三年的按实际经营时间计算）的研究开发费用总额占同期销售收入总额的比例符合

续表

项目	1991 年	1996 年	2000 年	2008 年	2016 年
认定条件	30%以上，从事高新技术产品研究、开发的科技人员应占企业职工总数的10%以上。从事高新技术产品生产或高新技术产品劳动密集型的劳动密集型高新技术企业，具有大专以上学历的科技人员占企业职工总数的20%以上。 (5) 有10万元以上资金，并有与其业务规模相适应的经营场所和设施。 (6) 用于高新技术及其产品研究、开发的经费应占本企业每年总收入的3%以上。 (7) 高新技术企业，一般由技术性收入、高新技术产品产值、	员占企业职工总数的10%以上。从事高新技术产品生产或服务的劳动密集型高新技术企业，具有大专以上学历的科研人员占企业职工总数的20%以上。 (5) 收入总额在3000万元以上，全员劳动生产率在15万元/人·年以上，年人均利税在3万元以上，并有与其规模相适应的生产、经营场所所设施。技术性收入占本企业当年总收入50%以上的开发型高新技术企业，年总收入可限定在1000万元以上。 (6) 用于高新技	术企业，具有大专以上学历的科技人员应占企业职工总数的20%以上。 (4) 企业每年用于高新技术及其产品研究开发的经费应占本企业当年总收入的5%以上。 (5) 高新技术收入与高新技术产品技术性收入之和应占本企业当年总收入的60%以上；新办企业在高新技术领域的投入占总投入的60%以上。 (6) 企业的主要负责人应是熟悉本企业产品研究、开发、生产和经营，并重视技术创新的本企业专职人员	知识，或实质性改进技术、产品（服务）而持续进行了研究开发活动，且近三个合计年度的研究开发费用占销售收入总额的比例符合如下要求：最近一年销售收入小于5000万元的企业，比例不低于6%；最近一年销售收入在5000～20000万元的企业，比例不低于4%；最近一年销售收入在20000万元以上的企业，比例不低于3%。其中，企业在中国境内发生的研究开发费用总额占全部研究开发费用总额的比例不低于60%。企业注册成立时间不足三年的，按实际经营年限计算。 (5) 高新技术产品（服务）收入占企业当年总收入的60%以上。 (6) 企业研究开发组织管理水平、科技成果转化能力、自主知识产权数量、销售与总资产成长性等指标符合《高新技术企业认定管理工作指引》	如下要求：最近一年销售收入小于5000万元（含）的企业，比例不低于5%；最近一年销售收入在5000万元至2亿元（含）的企业，比例不低于4%；最近一年销售收入在2亿元以上的企业，比例不低于3%。其中，企业在中国境内发生的研究开发费用总额占全部研究开发费用总额的比例不低于60%。 (6) 近一年高新技术产品（服务）收入占企业同期总收入的比例不低于60%。 (7) 企业创新能力评价应达到相应要求。 (8) 企业申请认定前一年内未发生重大安全、重大质量事故或严重环境违法行为。 高新技术企业认定量化考核指标包括四项，分别是核心自主知识产权（30）、研究开发组织管理水平（30）及成长性指标（20）。采用专家评审打分，须达到70分以上

续表

项目	1991 年	1996 年	2000 年	2008 年	2016 年
认定条件	一般技术产品产值和技术性相关贸易组成。高新技术贸易应占本企业的技术性收入与高新技术产品产值的总和应占本企业产品产值的总和应占本企业当年总收入的50%以上。 (8) 有明确的企业章程和严格的技术、财务管理制度。 (9) 企业的经营期在10年以上	未及其产品研究、开发的经费应占本企业每年总收入的4%以上。 (7) 企业的技术与高新技术性收入与高新技术产品产值的总和应占本企业产品产值的总和应占本企业当年总收入的70%以上。 (8) 有明确的企业章程和严格的技术、财务管理制度。 (9) 企业的注册经营期在十年以上		的要求。 高新技术企业认定量化考核指标包括四项,分别是核心自主知识产权(30)、研究开发组织管理水平(20)及成长性指标(20)。采用专家评审打分,须达到70分以上	
高新技术领域	(1) 微电子科学和电子信息技术; (2) 空间科学和航空航天技术; (3) 光电子科学和光电一体化技术; (4) 生命科学和生物工程技术; (5) 材料科学和新材料技术;	(1) 微电子科学和电子信息技术; (2) 空间科学和航空航天技术; (3) 光电子科学和光电一体化技术; (4) 生命科学和生物工程技术; (5) 材料科学和新材料技术;	(1) 电子与信息技术; (2) 生物工程和新医药技术; (3) 新材料及应用技术; (4) 先进制造技术; (5) 航空航天技术; (6) 现代农业技术; (7) 新能源与高效节能技术; (8) 环境保护新技术; (9) 海洋工程技术;	(1) 电子信息技术; (2) 生物与新医药技术; (3) 航空航天技术; (4) 新材料技术; (5) 高技术服务业; (6) 新能源及节能技术; (7) 资源与环境技术; (8) 高新技术改造传统产业;	(1) 电子信息; (2) 生物与新医药; (3) 航空航天; (4) 新材料; (5) 高技术服务; (6) 新能源与节能; (7) 资源与环境; (8) 先进制造与自动化

续表

项目	1991 年	1996 年	2000 年	2008 年	2016 年
高新技术领域	（6）能源科学和新能源、高效节能技术； （7）生态科学和环境保护技术； （8）地球科学和海洋工程技术； （9）基本物质科学和辐射技术； （10）医药科学工程、生物医学工程； （11）其他在传统产业基础上应用的新工艺、新技术	（6）能源科学和新能源、高效节能技术； （7）生态科学和环境保护技术； （8）地球科学和海洋工程技术； （9）基本物质科学和辐射技术； （10）医药科学工程、生物医学工程； （11）其他在传统产业基础上应用的新工艺、新技术	（10）核应用技术； （11）其他在传统产业改造中应用的新工艺、新技术。 科学技术部根据以上高新技术范围制定颁布高新技术产品目录		
认定程序	向开发区办公室提出申请，经开发区办公室核定后，由省、市科委批准并发给高新技术企业证书	国家高新技术产业开发区外的企业申报高新技术企业，须向所在地市级科委提出申请，经省级科委核后，报省级科委批准，并颁发高新技术企业证书	国家高新技术产业开发区内高新技术企业的认定，须向高新区管委会提出申请，经高新区管委会审核后，由省、市科技行政管理部门批准并发给高新技术企业证书	（1）企业自我评价； （2）企业注册登记； （3）企业准备并提交材料； （4）认定机构组织审查与认定； （5）公示及颁发证书	（1）企业自我评价； （2）企业注册登记； （3）企业提交材料； （4）认定机构组织专家评审； （5）认定报备； （6）公示公告

续表

项目	1991 年	1996 年	2000 年	2008 年	2016 年
主要税收优惠	（1）国家高新技术产业开发区企业从获认定之日起，减按 15% 的税率征收企业所得税。 （2）国家高新技术产业开发区企业出口产品的产值达到当年产品总产值 70% 以上的，经税务机关核定，减按 10% 的税率征收企业所得税。同时还规定开发区企业的贷款，一律在征收所得税后归还。 （3）内资举办的国家高新技术产业开发区企业，其进行技术转让以及在技术转让过程中发生的与技术转让有关的技术咨询、技术服务、技术培训的	国家高新技术产业开发区外企业不能享受 15% 企业所得税税率的优惠	除了继续享受同 1991 年政策下相同的企业所得税政策外企业不能享受之日享受的税收优惠外，还可以享受以下税收优惠： （1）增值税。一般纳税人销售其自行开发生产的计算机软件产品，可按法定 17% 的税率征收后，对实际税负超过 6% 的部分实行即征即退；属生产性增值税的小规模纳税人，生产销售计算机软件的征收率按 6% 的征收率计算缴纳增值税；属商业企业的小规模纳税人，销售计算机软件按 4% 的征收率计算缴纳增值税，并可由税务机关代开分别按不同的征收率开增值税发票。 （2）营业税。对单位和个人（包括外商投资企业、外商投资企业设立的研究开发中心、外国企业和外籍个人）从事技术转让、技术开发业务和与之相关	（1）国家需要重点扶持的高新技术企业，减按 15% 的税率征收企业所得税。 （2）创业投资企业采取股权投资方式投资于未上市的中小高新技术企业 2 年以上的，可以按照其投资额的 70% 在股权持有满 2 年的当年抵扣该创业投资企业的应纳税所得额；当年不足抵扣的，可以在以后纳税年度结转抵扣。 （3）企业开展研发活动中实际发生的研发费用，未形成无形资产计入当期损益的，在按照规定据实扣除的基础上，从本年度应纳税所得额中扣除；形成无形资产的，按照无形资产成本的 150% 在税前摊销。 （4）企业委托外部机构或个人进行研发活动所发生的费用，按照费用实际发生额的 80% 计入委托方研发费用并计算加计扣除，受托方不得再进行扣除。	除了可以享受 2008 年认定政策下相关税收优惠外，还可以享受以下税收优惠： （1）企业开展研发活动中实际成无形资产计入当期损益的，在按照规定实际发生额的 75%，形成无形资产的，在按照无形资产成本的 175% 在税前摊销。 （2）制造业企业开展研发活动中实际发生的研发费用，未形成无形资产计入当期损益的，在按照规定据实扣除的基础上，自 2021 年发生额的 100% 在税前加计扣除；形成无形资产的，自 2021 年 1 月 1 日起，按照无形资产成本的 200% 在税前摊销。 （3）自 2018 年 1 月 1 日起，当年具备高新技术企业的企业，其具备资格年度之前 5 个年度发生的尚未弥补完的亏损，准予结转

续表

项目	1991年	1996年	2000年	2008年	2016年
主要税收优惠	所得，年净收入在30万元以下的，可暂免征收企业所得税；超过30万元的部分，按适用税率征收所得税		的技术咨询、技术服务业务取得的收入，免征营业税。（3）对社会力量，包括企业单位（不含外商投资企业和外国企业）、事业单位，社会团体，个人和个体工商户，资助非关联的科研机构和高等学校研究开发新产品、新技术、新工艺所发生的研究开发经费，经主管税务机关审核确定，其资助支出可以全额在当年度应纳税所得额中扣除	行加计扣除。委托外部研究开发费用实际发生额应按照交易原则确定	以后年度弥补，最长结转年限延长至10年。（4）委托境外进行研发活动所发生的费用，按照费用实际发生额的80%计入委托方的研发费用。委托境外研发费用不超过境内符合条件的研发费用2/3的部分，可以按规定在企业所得税前加计扣除
监督管理	国家科委会同有关部门将定期对高新技术产业开发区进行检查。对于其中管理不善或进展缓慢的国家高新技术产业开发区，将取消其国家高新技术产业开发区的资格	省级科委应每年按高新技术企业认定的条件对国家高新技术产业开发区内高新技术企业进行复核。对连续两年不符合上述条件的企业，应取消其高新技术企业资格	省、市科技行政管理部门会同高新区管委会对经认定的高新技术企业每两年进行资格复审。不合格者，取消其高新技术企业的资格	高新技术企业资格自颁发证书之日起有效期为三年。企业应在期满前三个月内提出复审申请，不提出复审申请或复审不合格的，其高新技术企业资格到期自动失效。已认定的高新技术企业有下述情况之一的，应取消其资格：（1）在申请认定过程中提供虚假信息的；（2）有偷、骗税等行为的；	科技部，财政部，税务总局建立随机抽查和重点检查机制，加强对各地高新技术企业认定工作的监督检查。如2008年认定办法对于核心自主知识产权按照获得项数打分，2016年认定办法将知识产权按分类评价采用分类评价方式，发明型专利和实用新型专利按Ⅰ类评价，实用新型专利和外观设计专利等级权Ⅱ类评价，Ⅱ类评价的知识产权，仅限在申请高新技术企业认定时

续表

项目	1991 年	1996 年	2000 年	2008 年	2016 年
监督管理				(3) 发生重大安全、质量事故的； (4) 有环境等违法、违规行为，受到有关部门处罚的。 被取消高新技术企业资格的企业，认定机构在 5 年内不再受理该企业的认定申请	使用一次。 已认定的高新技术企业有下列行为之一的，由认定机构取消其高新技术企业资格： (1) 在申请认定过程中存在严重弄虚作假行为的； (2) 发生重大安全、重大质量事故或有严重环境违法行为的； (3) 未按期报告情况，或累计两年未填报年度发展情况报表的

资料来源：笔者根据历年高新技术企业认定政策手工整理。

根据表 4 – 1 可以看出，在高新技术企业认定政策演进历程中，高新技术企业认定政策修订过程呈现以下五个特征。

一、认定标准逐步明确

大多认定标准更加明确和方便量化考核，如 2008 年认定办法明确了高新技术企业认定量化考核指标包括四项，分别是核心自主知识产权、科技成果转化能力、研究开发组织管理水平及成长性指标，并且规定不得低于 70 分。2016 年在此基础上，对于四项的打分更加细化到具体项目，更加重视能够真正体现创新能力的发明专利的考核。2016 年认定办法将高新技术企业第八大领域界定为"先进制造与自动化"，取代了 2008 年认定办法的"高新技术改造传统产业"，更便于认定操作和引导先进制造业创新。在一些认定条件上逐渐宽松，如 2000 年认定政策取消了企业经营期限在十年以上的规定。2008 年认定办法取消了"企业的主要负责人应是熟悉本企业产品研究、开发、生产和经营，并重视技术创新的本企业专职人员"的限制。2016 年认定办法又取消了具有大学专科以上学历的科技人员占比的规定，且降低了研发费用占总销售收入比例要求，加大了中小企业认定力度。

二、认定管理机构职责更加分明

2008 年之前，认定管理部门逐渐由国家高新技术企业产业开发区办公室过渡到地方科学技术部门负责认定，国家科学技术部负责管理和指导，但高新技术企业税收优惠落实存在诸多问题。因此 2008 年之后，由科技部、财政部和国家税务总局建立了联合工作机制，负责全国高新技术企业认定工作，地方科技部门、财政部门和税务部门负责具体实施，三部门联合进行认定、监督和管理，不仅加大了部门合作与政策协调力度，还保证了认定企业与享受政策优惠同步进行。

三、税收优惠力度逐步加大

2008 年认定办法颁布之后，改变了只有国家高新技术产业开发区内认定的高新技术企业才可以享受 15% 企业所得税优惠税率的局面，全国范围内认定的高新技术企业都可以享受 15% 企业所得税优惠税率，由区域政策转变为产业政策。并且在 2015 年、2018 年和 2021 年，研发费用加计扣除的标准从 150% 不断提高至 175% 再到 200%，并增加了其他的税收优惠政策，这充分体现了国家扶持高新技术企业创新的力度不断加大。

四、认定程序更加规范

2008 年之前，国家高新技术产业开发区内的企业申请认定，是向高新区管委会提出申请，经高新区管委会审核通过后，报省市科技管理部门批准并颁发高新技术企业认定证书。国家高新技术产业开发区外的企业申请认定，是向所在地市级科委提出申请并在其审核通过后，报省级科技管理部门批准并颁发高新技术企业认定证书。此时的高新技术企业认定和审核是由不同的部门负责的，并且审核过程简单，审核部门人员不一定具有相应的高新技术知识，难以很好地识别企业创新能力。2008 年以后认定程序更加规范，通过企业自我评价、注册登记、提交材料，认定机构通过专家库随机抽取专家对企业材料进行评审打分，根据打分情况决定是否认定高新技术企业，并且将拟认定结果在高新技术企业认定管理工作网上进行一定期间的公示，以进行公众监督。认定程序规范化杜绝了缺乏创新能力的企业通过认定，可以避免税收资源流失，实现科技资源的优化配置。

五、认定监督管理逐步增强

2008 年以前，主要是由省市科技部门会同高新区管委会对国家高新技术产业开发区内的高新技术企业进行监督管理，国家高新技术产业开发区外的高新技术企业由省级科委负责进行两年一次的复核。当发现高新技术企业不符合认定条件时，仅是取消高新技术企业资格和补缴税款，并没有其他处罚。而 2008 年认定办法则规定除了取消高新技术企业资格和补缴税款外，该企业五年内不能再申请高新技术企业认定，同时还会在高新技术企业认定管理工作网上进行撤销认定的公示。而 2016 年认定办法颁布后，科技部、财政部和国家税务总局建立了随机抽查和重点检查机制，加强了对高新技术企业认定工作的监督。

第五章

高新技术企业认定的企业创新效应

本章利用 2008～2020 年沪深 A 股上市公司为样本，研究高新技术企业认定是否影响了企业创新，以及不同制度环境下高新技术企业的企业创新效应是否存在显著差异。

第一节　引言

《中华人民共和国国民经济和社会发展第十四个五年规划和 2035 年远景目标纲要》（以下简称"十四五"规划）提出："坚持创新在我国现代化建设全局中的核心地位。"高新技术企业是我国科技创新的主力军，是引导我国创新发展和产业结构转型的重要推动力。从 20 世纪 90 年代以来，我国政府出台了一系列高新技术企业认定政策以引导和激励企业创新，在 2008 年颁布了《高新技术企业认定管理办法》，明确认定标准和规范操作程序，并于 2016 年 1 月重新修订高新技术企业认定管理办法，扩大认定范围和加大对创新型企业尤其是中小企业的扶持力度，以激励更多的企业进行创新活动。

如前文所述，已有文献关注了高新技术企业认定对企业创新的影响，主要存在两种对立的观点。一方面，高新技术企业可以享受 15% 的企业所得税优惠税率及其他税收优惠，可以获得更多的政府资金支持，有助于引导企业创新（庞瑞芝等，2014；雷根强和郭玥，2018；邱洋冬和陶锋，2020）；另一方面，高新技术企业明确的认定"门槛"可能会诱发企业研发操纵行为（杨国超等，2017；王兰芳等，2019；

张子余等，2019；万源星和许永斌，2019；程玲等，2019）。但上述文献并未深入揭示哪些企业会更容易获得高新技术企业认定，以及在不同的制度环境中高新技术企业认定对企业创新的影响是否存在显著差异。

具体来说，本书要回答以下两个问题：第一，哪些企业会更容易获得高新技术企业认定？第二，高新技术企业认定是否激励了企业创新，如果这种激励效应是存在的，那么在不同制度环境下创新激励效应是否存在差异？

本书以高新技术企业认定政策为研究对象，检验高新技术企业认定对企业创新的影响。以 2008~2020 年沪深 A 股上市公司为样本，研究结果发现，高新技术企业认定显著促进了企业创新投入和创新产出增加。进一步检验发现，在市场化水平较低、非国有经济发展水平较低、要素市场发育水平较低和中介组织发育水平较低的地区，高新技术企业认定对企业创新投入和创新产出的促进作用更加显著。这意味着，高新技术企业认定政策发挥了引导企业创新的作用，尤其在制度环境落后地区，高新技术企业认定政策更能促进企业创新。本书在理论上有助于从信号传递理论视角丰富和拓展政府扶持企业创新政策的经济后果的相关研究，有助于从实践上科学评估高新技术企业认定政策的有效性，还可以为进一步完善和实施高新技术企认定政策提供理论依据和政策参考。

第二节　理论分析与研究假设

一、高新技术企业认定与企业创新

自从 2008 年认定办法将原认定办法下仅限于高新技术开发区内企业认定和享受税收优惠，修订为高新区内外企业都可以申请高新技术企业认定和享受税收优惠，大量企业积极申请高新技术企业认定以享受税收优惠，获得高新技术企业认定对企业创新具有重要意义。

第一，根据资源依赖理论，企业需要依赖外部环境获取发展所需的资源（Pfeffer & Salancik，1978）。企业获得的高新技术企业认定是一项稀缺资源，可以享受 15% 的企业所得税优惠税率，从 2021 年开始可以享受开发新技术、新产品、新工艺发生的研究开发费用加计扣除 200% 的税收优惠，同时还可以享受地方政府提供的政府补贴、优先上市、融资便利和土地使用等各项扶持政策。例如河南省《高新技术企业倍增计划实施方案》中就指出，对于首次认定的高新技术企业给予 10 万 ~30 万元的资金奖励，按照企业上年度税前加计扣除研发费用数额的一定比例，每年给予最高 200 万元奖补。积极开展"科技贷"业务，将高新技术企业纳入科技信贷重点支持范围。并且将符合条件的高新技术企业列为省市重点上市后备企业，支持其上市和挂牌融资。通过高新技术企业认定，给企业带来了额外的创新资源，不仅节约了自由现金流量，能够补充企业自身所缺乏的创新资源，降低企业自身创新成本，分散企业创新活动的风险，还可以提高企业品牌知名度，获得更多的市场份额和收益，从而能够促进企业增加研发投入及创新活动。

第二，根据信号传递理论，高新技术企业认定具有较强的信号传递作用。新制度主义指出，组织通常会通过选择或变革组织的结构或行为以满足外部环境的期望，从而提升组织的合法性（Meyer & Rowan，1977）。贝沙罗夫和史密斯（Besharov & Smith，2014）指出企业在复杂的制度情境中，往往会受到多种制度逻辑的影响，特别是在转型经济背景下（Batjargal et al.，2013），主要存在两种制度逻辑：一种是基于市场主导的制度逻辑，研发和创新活动的高风险性使得企业和外部投资者之间存在严重的信息不对称，此时需要中介组织来扮演信号传递通道的角色，从而降低这种信息不对称（Brealey et al.，1977）。而高新技术企业认定恰好扮演了这种信号传递媒介的作用，企业获得高新技术企业认定证书，可以认定是政府释放出的对企业创新能力的权威认可信号，有助于外部投资者作出投资决策，从而帮助企业获得更多的外部融资及其他创新资源，有利于企业的创新。另一种是基于政治主导的制度逻辑，当今国际科技竞争日益激烈，自主创新能力已经成为一个国家的核心竞争力，而我国企业受到外部关键技术封锁和自身创新能力不足的双重制约，普遍缺乏竞争优势，创新能力不足已经严重制约了我国产业结构升级和国家科技竞争力的提高。在这种经济背景下，企业遵从政府政策导向，积极申请高新技术企业认定符合新形势要求，从而传递出和政府保持良好关系的信号，这有利于企业从其他渠道获得创新资源，从而最终提高企业自主创新能力和经营绩效，为实现我国产业结构升级和经济增长作出贡献。此外，高新技术企业认定政策的政府压力（水会莉等，2015）和企业出于组织合法性考虑，也会促使企业加大创新。

第三，克鲁格曼（Krugman，1983）指出凡是涉及对特定企业实施研发激励政策，就需要明确的筛选标准。借鉴教育经济学中的"筛选假设理论"，即教育是一种筛选机制，可以帮助雇主识别不同能力的求职者，从而将他们安置到不同职业岗位上。雇主通过观察雇员教育水平和真实生产率之间的关系从而调整工资水平，个人则会相应调整自己的教育投资决策，从而循环反复达到均衡。由于政府与企业之间存在信息不对称，政府并不了解企业的真实创新能力，而高新技术企业认定的经济价值就在于它的筛选作用，通过设置一定的认定标准，可以帮助政府识别具有创新潜力的企业，从而给予相应的税收优惠和政策扶持以激励企业创新。高新技术企业认定之所以能发挥筛选作用，是由于企业的创新能力与企业获得认定所需花费的成本成反比，在其他因素相同的情况下，创新能力较高的企业支付较低的成本就可以获得认定，因此获得高新技术企业认定是反映企业创新能力高低的有效信号，有利于政府识别企业并采取相应的创新激励措施。同时，政府会给高新技术企业提供税收优惠、补贴、奖励、政府采购优先等各种优惠措施，企业也会根据这些优惠措施了解不同程度创新投入的私人收益，再结合进行创新活动所需要的成本，从而作出适当的创新投资决策，如此反复可以达到社会福利最大化的创新均衡状态。

因此，根据以上分析，本书提出如下研究假设：

假设 1：高新技术企业认定能激励企业创新。

二、高新技术企业认定、制度环境与企业创新

本书将高新技术企业认定对企业创新的促进作用称为"高新技术

企业认定的企业创新效应"，下面将分析不同的制度环境对这种激励效应的影响。整体来说，我国各地区经济发展水平和市场化程度差异较大（Chen et al.，2011），这为本书进一步研究各地区的制度环境如何影响高新技术企业认定的创新激励效应提供了良好条件。具体来说，经济转轨时期，我国企业面临着许多制度约束，主要包括市场化程度差异较大、要素市场发育缓慢和中介组织不发达，这些不健全的制度环境都会制约企业的创新。

第一，市场化水平差异较大。如前所述，高新技术企业认定是一种稀缺资源，可以给企业带来税收优惠和其他政府扶持，高新技术企业可能会因为研发投入和高新技术产品收入不达标等原因无法享受税收优惠。在市场化水平较高地区，金融市场环境较好，企业能够以较低成本获得创新资金进行技术创新，从而更容易获得高新技术企业认定和享受税收优惠。而在市场化水平较低地区，一方面，企业较难取得信贷资金等外部融资进行技术创新，能够获得高新技术企业认定的企业数量较少；另一方面，高新技术企业认定的税收优惠也可能会诱使企业研发操纵以获得高新技术企业认定（杨国超等，2017），这会导致企业可能在未来政府机构监管过程中被撤销高新技术企业资格而无法享受税收优惠，从而进一步降低企业技术创新能力。

第二，非公有制经济面临的问题。党的十八大报告提出，保证各种所有制经济依法平等使用生产要素、公平参与市场竞争、同等受到法律保护。"十四五"规划又进一步指出，毫不动摇巩固和发展公有制经济，毫不动摇鼓励、支持、引导非公有制经济发展。非公有制经济中，最主要的是民营经济，民营经济在中国技术创新、就业、税收和经济发展中作出了重大成就（汪立鑫和左川，2019），贡献了50%以上的国家税收，60%的GDP，70%以上的新产品和技术，80%以上的就业岗位（刘现伟，2019）。然而，相对于国有企业来说，民营企业发展困难重重。一方面，目前我国金融体系对民营企业仍然存在规模歧视（中国社会科学院经济研究所课题组，2020），民营企业自身存在资本和土地等资源短缺问题，也难以提供足够的抵押物和担保以获取贷款资源（张于喆，2020），增加了制度成本和市场交易成本，减少了创新资源；另一方面，民营企业难以提供等同于或高于国有企业的福利待遇，且随着工资成本、社保成本、原材料成本的上涨，民营企业利润空间不断缩小，导致民营企业面临招工难的问题，尤其是更难以招聘和留住高技能研发人才（党文娟和罗庆凤，2020），人力资本不足抑制了民营企业的创新活动。此外，虽然近年来我国关于促进民营经济高质量发展的各种政策体系不断完善，但仍然存在法律法规不健全、政策执行效率低下等诸多问题，民营企业的知识产权得不到充分保护，导致了民营企业创新不足。

第三，要素市场发育缓慢。2020年中共中央和国务院发布了《关于构建更加完善的要素市场化配置体制机制的意见》，指出要深化要素市场化配置改革，促进要素自主有序流动，提高要素配置效率。然而，中国改革开放以来，要素市场的改革滞后于产品市场的改革进程。企业会发送虚假创新信号以获取政府补贴，从而严重削弱了政府创新资源对企业创新活动的激励效应。戴魁早和刘友金（2016）发现要素市场扭曲显著抑制了企业创新效率的提高。白俊红和卞元超（2016）发现中国劳动力和资本要素市场都存在较强的扭曲，显著抑制了中国企业创新活动和创新效率的提升。

第四，中介组织不发达。服务于企业创新的中介组织主要包括管理咨询和知识咨询服务机构、人才中介、金融中介、信息中介、评估中介、企业孵化器及提供法律、审计和财务等服务的机构，他们为企业创新提供咨询服务使其与外界创新资源、创新主体和使用者之间建立关联（Stewart & Hyysalo，2008），中介组织还可以在创新系统中创造新的机会和创新活力，加速创新产出的价值实现和技术更新换代，但目前中介组织的数量和服务范围尚不足以更好地服务客户和整个创新系统（Lichtenthaler & Ernst，2008）。曾等（Zeng et al.，2010）发现企业与中介机构的合作和中小企业创新绩效显著正相关。中介组织的发展水平是市场经济发育程度的重要体现，但在我国，虽然经过三十多年科技体制改革，中介组织获得了较大发展，但中介组织自身执业水平较低，创新服务能力较差不能满足市场需求，地区发展存在较大差异，相关法律体系不配套，且政府干预问题严重和过度依赖政府扶持导致中介组织难以有效工作，难以有效促使企业创新成果成功转化，难以有效服务于企业创新活动（李柏洲和孙立梅，2010）。

已有研究表明，在政府干预越多、知识产权保护不力、法律体系越差、金融发展越落后和中介组织越不发达的国家和地区，企业的创新投入和创新活动就越少（Arrow，1962；李柏洲和孙立梅，2010；Brown et al.，2013；鲁桐和党印，2014；刘思明等，2015）。这些研究意味着，在制度环境较好的地区，企业可以通过凭借自身实力获得创新资源，并且能够顺利实现将技术成果转化为经济价值，为了实现竞争优势，则企业具有较高的研发投资热情和动力；而在制度环境较差的地区，政府对市场的权力过大，企业难以依靠自身实力获得稀缺资源，而要靠非正式制度以谋求发展所需的资源（Allen et al.，2005），这将耗费大量的创新资源，再加上创新的高风险性和正外部性，要素难以在市场中自由流动，中介组织不发达致使技术成果难以成功交易和转化，降低了企业通过创新获取竞争优势的动力。然而，高新技术企业认定政策是利用税收优惠支持企业创新的最具含金量的政策之一，具有丰富的政策红利，尤其在市场化程度较低、非国有经济不发达、要素市场发育缓慢和中介组织不发达的地区，高新技术企业认定作为一种正式制度可以弥补其他正式制度的不足，对企业创新的重要性远高于制度环境较好的地区。企业通过高新技术企业认定，可以享受企业所得税税收优惠和地方政府提供的政府补贴、融资便利和土地使用等各种优惠政策，节约自由现金流，并且高新技术企业认定是政府对企业创新能力和知识产权的权威认可，传递出企业和政府关系良好的信号，有利于降低企业和外部投资者之间的信息不对称，有利于企业获得更多的外部融资和其他创新资源，从而促进企业创新。

因此，根据以上分析，提出如下研究假设：

假设2a：在市场化水平较低的地区，高新技术企业认定的企业创新效应更加显著。

假设2b：在非国有经济不发达的地区，高新技术企业认定的企业创新效应更加显著。

假设2c：在要素市场发育缓慢的地区，高新技术企业认定的企业创新效应更加显著。

假设2d：在中介组织发育程度较低的地区，高新技术企业认定的企业创新效应更加显著。

第三节　数据来源与模型设计

一、数据来源

如上所述，2016年认定办法替代2008年认定办法，但2008年认定办法首次将高新技术企业认定扩大至国家高新技术产业开发区外的企业，并且在全国范围内统一了认定标准和操作程序，因此，本书采用2008~2020年沪深A股上市公司作为初始样本，并剔除金融类公司和ST公司。经过处理后一共有4353家公司，39372个年度观测值。同时，本书从上市公司历年年报与公告中手工查找了有关获得高新技术企业认定和税收优惠的信息，并与高新技术企业认定管理工作网上各地方公示文件进行比对，以确定当年该上市公司是否在高新技术企业有效期内，并统计了2008~2020年上市公司累计获得的认定次数，其中，在高新技术企业有效期内的样本观测值有14768个，占比37.57%，非高新技术企业的样本观测值有24543个，占比62.43%。此外，为剔除异常值对回归结果产生的影响，对除虚拟变量外的所有连续变量进行上下1%的缩尾处理。有关市场化水平指数等相关指标来源于王小鲁等（2017）的中国分省份市场化指数报告。本书有关企业特征和财务数据来源于Wind数据库和CSMAR数据库，并从上市公司年报中手工补充了研发投入等相关缺失数据。

二、模型设计

本书借鉴杨国超和芮萌（2020）、王兰芳等（2019）、陈等（Chen et al.，2018）研究，构建以下回归方程对本书的研究假设进行检验：

$$RDI_{it} = \alpha + \beta_1 Identification_{it} + \beta'_2 X_{it} + IND_{it} + Year_i + \varepsilon_{it}$$

$$(5-1)$$

$$Patent_{it} = \alpha + \beta_1 Identification_{it} + \beta'_2 X_{it} + IND_{it} + Year_i + \varepsilon_{it}$$

$$(5-2)$$

$$RDI_{it} = \alpha + \beta_1 Identification_{it} \times Market_{it} + \beta_2 Identification_{it}$$
$$+ \beta_3 Market_{it} + \beta'_4 X_{it} + IND_{it} + Year_i + \varepsilon_{it} \quad (5-3)$$

$$Patent_{it} = \alpha + \beta_1 Identification_{it} \times Market_{it} + \beta_2 Identification_{it}$$
$$+ \beta_3 Market_{it} + \beta'_4 X_{it} + IND_{it} + Year_i + \varepsilon_{it} \quad (5-4)$$

其中，i 表示上市公司，$i = 1$，2，3，…，293；t 表示年度，$t = 2008$，2009，…，2020。IND_{it} 表示行业固定效应，$Year_i$ 表示时间固定效应，ε_{it} 表示标准残差项。

式（5-1）和式（5-3）中，RDI_{it} 为被解释变量，代表企业创新投入，为当年企业研发投入与销售收入之比。式（5-2）和式（5-4）中，$Patent_{it}$ 为被解释变量，代表企业创新产出，为当年企业获得的专利授权数量加 1 取自然对数。目前国内外学术界有以下几种方法来衡量企业的创新水平：研发投入与销售收入的比（张杰等，2011；李汇东等，2013；杨国超和芮萌，2020）、研发投入占总资产的比值（解维敏和方红星，2011；Brown et al.，2013）、专利数量（温军和冯根福，2012；袁建国等，2015；黎文靖和郑曼妮，2016；Chen et al.，2018）、新产品销售收入（杨洋等，2015）等，虽然方法并不一致，但学者们主要集中在采用研发投入与销售收入的比与专利数量表示企业创新。因此，本书借鉴杨国超和芮萌（2020）、王兰芳等（2019）、陈等（Chen et al.，2018）的研究，分别采用研发投入占与销售收入的比以及专利授权数量表示企业创新产出，同时考察高新技术企业认定对企业创新投入和产出的影响。考虑到企业获得高新技术企业认定对企业创新影响的滞后性，本书在回归时采用滞后一期的研发投入与销售收入之比和专利授权数量。

式（5-1）和式（5-2）中，$Identification_{it}$ 是解释变量，表示高新技术企业认定。若当年上市公司在高新技术企业有效期内，$Identification_{it}$ 取值为 1，是实验组；若当年上市公司不在高新技术企业有效期内，$Identification_{it}$ 取值为 0，是控制组。在这两个模型中，主要考察系数为 β_1，预期 β_1 为正，即高新技术企业认定促进了企业创新投入或创新产出增加。

式（5-3）和式（5-4）中，$Market_{it}$ 表示市场化水平，同时本书还采用非国有经济发展水平（$NSOED_{it}$）、要素市场发育水平（$Factor_{it}$）和中介组织发育水平（$Intermedia_{it}$）分别检验不同制度环境下高新技术企业认定对企业创新的影响差异。在这两个模型中，主要考察系数为 β_1，预期 β_1 为负，即在市场化水平越低、非国有经济发展水平越低、要素市场发育水平越低和中介组织发育水平越低的地区，高新技术企业认定对企业创新投入或创新产出的促进作用越显著。

上述模型中，X_{it} 是控制变量构成的向量。借鉴杨国超和芮萌（2020）、王兰芳等（2019）、陈等（Chen et al.，2018）、黎文靖和郑曼妮（2016）、张杰等（2011）的研究，本书加入以下控制变量：（1）企业规模（$Size$），定义为期末总资产的自然对数；（2）企业年龄（Age），定义为当年减去企业成立年加 1 的自然对数；（3）净资产收益率（ROE），定义为净利润与股东权益平均余额的比例，其中，股东权益平均余额 =（股东权益期末余额 + 股东权益期初余额）/2；（4）每股经营活动产生的现金流量净额（$Cash$），定义为当经营活动现金净流量与总股本之比；（5）资产负债率（Lev），定义为期末负债总额与期末资产总额的比例；（6）每股净资产（$Naps$），定义为股东权益总额与股本总股数的比例；（7）管理费用率（$Mfee$），定义为管理费用与主营业务收入的比例；（8）总资产增长率（$Tagr$），定义为期末总资产与期初总资产的差额与期初总资产的比例；（9）股权激励（Soi），若上市公司对公司高管实施有股权激励方案，则取值为 1，否则取值为 0。

第四节　实证研究结果与分析

一、描述性统计分析

表 5-1 报告了描述性统计特征，所有连续变量在 1% 水平上进行

了缩尾处理。从表 5 – 1 可以看出，*Identification* 变量均值为 0. 377，说明在 2008 ~ 2020 年有 37. 7% 的上市公司是高新技术企业。*RDI* 变量均值为 4. 721，最大值为 26. 60，说明样本上市公司研发投入占销售收入的比例均值约为 4. 72%，高于高新技术企业认定 3% 的最低标准，说明样本上市公司创新投入较高，但创新投入最多的上市公司研发投入占销售收入比例为 26. 60%，说明上市公司创新投入差异较大。*Patent* 变量均值为 16. 42，最大值为 256，说明上市公司之间创新产出差异也较大。

表 5 – 1　　　　　　　　　　　　　**描述性统计**

变量	样本数	标准差	均值	最小值	中位数	最大值
Identification	39353	0. 487	0. 377	0	0	2
RDI	24768	4. 586	4. 721	0. 0300	3. 660	26. 60
Patent	18702	35. 370	16. 42	0	6	256
Size	33750	1. 345	8. 151	5. 309	7. 978	12. 34
Age	33759	5. 671	17. 67	7	17	34
ROE	38151	0. 0419	0. 0203	– 0. 103	0. 0137	0. 220
Cash	38910	0. 452	– 0. 0262	– 1. 838	– 0. 00341	1. 653
Lev	38993	0. 231	0. 428	0. 0356	0. 413	1. 165
Naps	38919	3. 252	4. 802	– 0. 326	4. 072	17. 71
Mfee	38335	0. 353	0. 158	0. 00673	0. 0808	2. 980
Tagr	33647	0. 404	0. 171	– 0. 406	0. 0864	2. 855
Soi	39353	0. 380	0. 175	0	0	1

资料来源：作者根据 CSMAR 数据库等上市公司样本数据利用 Stata16 软件整理而得。

同时，从图 5 – 1 可以看出，2008 ~ 2020 年获得高新技术企业认定的上市公司数量逐年上升，2020 年高新技术上市公司的总数是 2008 年的近 5 倍，说明高新技术企业认定政策极大地激励了企业申请高新技术企业认定，但地区差异较大，如广东 12 年内累计获得高新技术企业认定的上市公司有 2797 家，而北京有 1249 家，而青海仅有 6 家，说明由于不同地区的地理优势、资源优势、制度环境等存在差异，在一些地区呈现高新技术企业集聚现象。

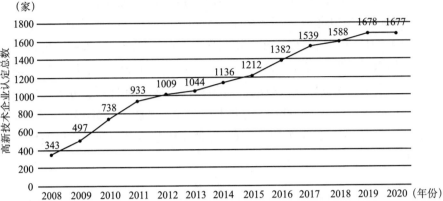

图 5 - 1　2008 ~ 2020 年分年度上市公司高新技术企业认定总数

资料来源：作者根据 2008 ~ 2020 年沪深 A 股非金融类和非 ST 上市公司数据手工整理。

二、高新技术企业认定与企业创新

表 5 - 2 列示了高新技术企业认定影响企业创新的检验结果。第（1）列显示被解释变量是滞后一期的 *RDI*，第（2）列显示被解释变量是滞后一期的 *Patent*，并同时控制了行业固定效应和年度固定效应的检验结果。从表 5 - 2 可以看出，*Identification* 的系数都在 1% 的水平上显著为正，说明高新技术企业认定能够显著促进企业增加创新投入和创新产出，支持假设 1。检验结果意味着，高新技术企业认定政策的确引导了企业创新活动增加。

表 5 - 2　　　　　　高新技术企业认定与企业创新

变量	(1)	(2)
	F. RDI	*F. Patent*
Identification	0.6504 *** (5.8888)	2.9784 *** (3.2096)
Size	- 0.2190 *** (- 3.8478)	6.5092 *** (7.9186)
Age	- 0.0745 *** (- 5.5328)	- 0.2493 ** (- 2.1012)

续表

变量	（1）	（2）
	F. RDI	F. Patent
ROE	− 0. 9476 （− 0. 8646）	18. 4687 （1. 6392）
Cash	− 0. 2128 *** （− 3. 9318）	− 0. 5178 （− 0. 5240）
Lev	− 1. 7163 *** （− 6. 0058）	− 2. 7625 （− 1. 0125）
Naps	0. 0509 *** （3. 6273）	− 0. 0271 （− 0. 1535）
Mfee	0. 6691 ** （2. 1104）	2. 2928 （1. 1245）
Tagr	0. 1024 （1. 6031）	0. 3159 （0. 3713）
Soi	0. 3002 *** （4. 0610）	3. 3595 *** （2. 7892）
行业	控制	控制
年度	控制	控制
_ cons	7. 2873 *** （5. 0899）	− 37. 3953 *** （− 6. 9641）
N	18388	13646
R^2	0. 1608	0. 0793
F	573. 59 ***	187. 95 ***

注：括号内为双尾检验的 t 值。** 和 *** 分别表示在 5% 和 1% 的水平上显著。
资料来源：作者根据 CSMAR 数据库等上市公司样本数据利用 Stata16 软件整理而得。

三、高新技术企业认定、制度环境与企业创新

表 5 - 3 列示了制度环境对高新技术企业认定的企业创新效应的调节效应的检验结果。第（1）和第（2）列显示市场化水平对高新技术企业认定企业创新效应的调节效应，交乘项 $Market \times Identification$ 的系数在 5% 的水平上都显著为负，说明在市场化程度较低的地区，获得高

表 5-3 高新技术企业认定、制度环境与企业创新

变量	(1) F. RDI	(2) F. Patent	(3) F. RDI	(4) F. Patent	(5) F. RDI	(6) F. Patent	(7) F. RDI	(8) F. Patent
Market × Identification	-0.13** (-2.302)	-1.443** (-2.5704)						
NSOED × Identification			-0.1064** (-2.0561)	-1.158** (-2.1896)				
Factor × Identification					-0.0806** (-2.3015)	-0.905** (-2.1011)		
Intermedia × Identification							-0.0376** (-2.0257)	-0.542*** (-2.6259)
Identification	1.213** (2.5474)	10.513** (2.4971)	1.1008** (2.2537)	9.1849** (2.0746)	0.6908** (2.5317)	4.9855* (1.8966)	0.5237** (2.2907)	3.9892** (2.1589)
Market	0.0525 (0.6300)	-0.0359 (-0.0450)						
NSOED			-0.0103 (-0.1624)	0.5163 (0.7681)				
Factor					0.0640* (1.7796)	0.2634 (0.7467)		
Intermedia							0.0068 (0.2904)	0.0021 (0.0076)
Size	0.178** (2.0229)	2.4156** (2.0959)	0.1733** (1.9726)	2.3936** (2.0740)	0.1730** (1.9709)	2.4021** (2.0917)	0.1809** (2.0540)	2.4662** (2.1447)
Age	-0.0275 (-0.276)	1.1548 (0.4266)	-0.0289 (-0.2904)	1.1585 (0.4276)	-0.0225 (-0.2265)	1.2435 (0.4611)	-0.0277 (-0.2772)	1.1974 (0.4453)

续表

变量	(1) F. RDI	(2) F. Patent	(3) F. RDI	(4) F. Patent	(5) F. RDI	(6) F. Patent	(7) F. RDI	(8) F. Patent
ROE	-0.0182 (-0.017)	11.4926 (1.0168)	-0.0010 (-0.0009)	11.7101 (1.0353)	-0.0146 (-0.0133)	11.4870 (1.0169)	-0.0118 (-0.0107)	11.4451 (1.0190)
Cash	-0.11** (-2.069)	-0.3487 (-0.3344)	-0.1140** (-2.0967)	-0.3566 (-0.3418)	-0.1113** (-2.0453)	-0.3586 (-0.3438)	-0.1126** (-2.0671)	-0.3456 (-0.3314)
Lev	-0.8*** (-2.635)	-0.3296 (-0.0887)	-0.837*** (-2.6482)	-0.2392 (-0.0641)	-0.842*** (-2.6624)	-0.4131 (-0.1113)	-0.838*** (-2.6416)	-0.5320 (-0.1435)
Naps	0.05*** (3.4171)	0.1670 (0.7473)	0.0518*** (3.4573)	0.1731 (0.7730)	0.0498*** (3.3052)	0.1586 (0.7048)	0.0505*** (3.3907)	0.1542 (0.6886)
Mfee	0.2478 (0.7842)	2.8092 (1.4748)	0.2437 (0.7709)	2.7948 (1.4653)	0.2488 (0.7887)	2.8296 (1.4831)	0.2458 (0.7771)	2.8057 (1.4732)
Tagr	-0.0537 (-0.84)	1.6247* (1.7633)	-0.0532 (-0.8306)	1.6196* (1.7561)	-0.0506 (-0.7908)	1.6642* (1.8003)	-0.0540 (-0.8436)	1.6332* (1.7755)
Soi	0.0558 (0.7087)	2.5181* (1.7406)	0.0545 (0.6918)	2.5120* (1.7398)	0.0584 (0.7424)	2.4982* (1.7245)	0.0544 (0.6903)	2.5287* (1.7492)
行业	控制	控制	控制	控制	控制	控制	控制	控制
年度	控制	控制	控制	控制	控制	控制	控制	控制
_cons	3.5567* (1.8329)	-22.0951 (-0.6963)	4.1762** (2.2392)	-27.5117 (-0.8692)	3.5752* (1.9419)	-25.0836 (-0.8258)	3.9439** (2.1142)	-23.1382 (-0.7693)
N	18361	13616	18361	13616	18361	13616	18361	13616
R^2	0.0330	0.0214	0.0329	0.0213	0.0333	0.0213	0.0330	0.0215

注：括号内为双尾检验的 t 值。*、** 和 *** 分别表示在 10%、5% 和 1% 的水平上显著。

资料来源：作者根据 CSMAR 数据库等上市公司样本数据利用 Stata16 软件整理而得。

新技术企业认定更能促进企业增加创新投入和创新产出，支持假设2a。这意味着在市场化程度较低地区，获得高新技术企业认定是对企业创新能力的认可，能够传递利好信号，有利于企业获得创新资源，从而可以促进企业创新。

第（3）和第（4）列显示非国有经济发展水平对高新技术企业认定企业创新效应的调节效应，交乘项 $NSOED \times Identification$ 的系数在5%的水平上都显著为负，说明在非国有经济发展水平较低的地区，获得高新技术企业认定更能促进企业增加创新投入和创新产出，支持假设2b。这意味着在非国有经济发展水平较低地区，获得高新技术企业认定可以帮助企业获得税收优惠和其他创新资源，有利于降低创新成本，从而可以促进企业创新。

第（5）和第（6）列显示要素市场发育水平对高新技术企业认定企业创新效应的调节效应，交乘项 $Factor \times Identification$ 的系数在5%的水平上都显著为负，说明在要素市场发育水平较低的地区，获得高新技术企业认定更能促进企业增加创新投入和创新产出，支持假设2c。这意味着在要素市场发育水平较低地区，获得高新技术企业认定可以传递企业创新能力较强的信号，缓解企业与市场之间的信息不对称，帮助企业获得更多的生产要素，从而可以促进企业创新。

第（7）和第（8）列显示中介组织发育水平对高新技术企业认定企业创新效应的调节效应，交乘项 $Intermedia \times Identification$ 的系数分别在5%和1%的水平上都显著为负，说明在中介组织发育水平较低的地区，获得高新技术企业认定更能促进企业增加创新投入和创新产出，支持假设2d。这意味着在中介组织发育水平较低地区，获得高新技术企业认定可以传递缓解企业与中介组织之间的信息不对称，企业可以获得更多的中介服务，帮助企业获取更多的技术信息和实现科技成果转化，从而可以促进企业创新。

第五节　稳健性检验

一、PSM 匹配检验

由于企业创新更多的企业，更容易通过高新技术企业认定，因此，实验组和对照组样本分组存在一定的自选择问题，需要进一步进行稳健性检验。本书采用倾向匹配得分法（PSM）对实验组和对照组进行匹配。式（5-1）中采用的控制变量对通过高新技术企业认定的上市公司和非高新技术上市公司进行 Probit 估计，预测值作为得分。如果两个企业得分相近，说明这两个公司的特征相似。因此，进一步根据得分以最近邻匹配的方法进行实验组和对照组的匹配，然后按照式（5-1）进行多时点双重差分检验。结果如表 5-4 所示，Identification 都显著为正，与表 5-2 的结果保持一致。这表明在控制了样本自选择问题后，本书的检验结果依然稳健。

表 5-4　　　　　　　　　　PSM 匹配检验

变量	(1)	(2)
	F. RDI	F. Patent
Identification	0. 3346 ***	2. 7582 ***
	(3. 0438)	(3. 0258)
Size	- 0. 0546	7. 2070 ***
	(- 0. 9000)	(16. 0459)
Age	- 0. 0483 ***	- 0. 2528 **
	(- 3. 8589)	(- 2. 4004)
ROE	- 0. 1773	20. 2159
	(- 0. 1674)	(1. 5850)
Cash	- 0. 0732	- 0. 8184
	(- 1. 1591)	(- 0. 9157)
Lev	- 1. 5057 ***	- 3. 0349
	(- 5. 3761)	(- 1. 2850)
Naps	0. 0689 ***	0. 0121
	(4. 9788)	(0. 0781)
Mfee	1. 0327 ***	1. 6052
	(2. 9166)	(1. 1527)
Tagr	0. 0377	0. 9944
	(0. 6262)	(1. 2013)

续表

变量	(1)	(2)
	F. RDI	F. Patent
Soi	0. 2170 *** (2. 6943)	3. 2192 *** (3. 4320)
行业	控制	控制
年度	控制	控制
_ cons	4. 1450 *** (3. 3128)	− 41. 1651 *** (− 11. 7059)
N	14050	12100
R^2	0. 3684	0. 0856

注：括号内为双尾检验的 t 值。** 和 *** 分别表示在 5% 和 1% 的水平上显著。
资料来源：作者根据 CSMAR 数据库等上市公司样本数据利用 Stata16 软件整理而得。

二、产权性质分组检验

我国存在国有与民营两类产权性质不同的企业制度，诸多学者研究证实国有企业和民营企业创新投入与创新产出存在较大差异。相对于国有企业，民营企业无论在融资便利、政府支持还是面临的市场竞争方面均处于弱势，其中融资约束问题最为严重（罗党论和甄丽明，2008），这严重制约了民营企业研发投入（张杰等，2012），降低了民营企业技术创新能力（罗正英等，2014）。而国有上市公司有机会获得更多的政府支持、银行贷款及具备优厚待遇吸引研发人力资本优势等，具有较低的财务风险和经营风险，投资效率（喻坤等，2014）和生产效率（邓可斌和曾海舰，2014）都高于民营企业。李春涛和宋敏（2010）发现无论从创新投入还是创新产出看，国有企业都比民营企业更具有创新性。唐清泉等（2012）、李玲和陶厚永（2013）、杨洋等（2015）都发现政府补贴对民营企业创新的促进作用大于其对国有企业的作用，而刘和旺等（2015）发现国有企业的创新投入和创新产出都高于民营企业，但企业绩效却显著低于民营企业，认为民营企业较高的企业绩效并非来源于创新投入和创新产出，而国有企业的创新优势并没有成功转化为经济效益。

高新技术企业认定对民营企业（孙刚等，2016，2018；卢君生等，2018；许玲玲，2017，2018；徐晔和蔡奇翰，2019）、大规模企业（庞瑞芝等，2014；徐晔和蔡奇翰，2019）和东部企业（徐晔和蔡奇翰，2019；黄惠丹和吴松彬，2019）创新的促进作用都更为显著，却促进了国有企业策略性创新（雷根强和郭玥，2018）。徐经长和汪猛（2017）发现高新技术企业认定中研发费用专项审计质量的提高，有助于促进企业创新，尤其在国有企业、政府干预程度较弱、金融发展水平较高及法治水平较低时更加显著。张子余等（2019）发现高新技术企业在获得资格认定前一年，有显著的研发费用操纵行为以达到避税目的，且会明显减少研发支出资本化，这在非国有控股公司表现更加显著。

借鉴拉波尔塔等（La Porta et al.，1999）的研究，本书按实际控制人性质划分，若实际控制人为中央或地方国有资产监督管理部门、国有法人股或国有股时，为国有上市公司，取值为1，反之为民营上市公司，取值为0。表5-5列示了在不同产权性质下高新技术企业认定对企业创新的影响。第（1）和第（2）列中，*Identification* 的系数分别在5%和1%的水平上显著为正，说明获得高新技术企业认定显著促进了国有上市公司增加了创新投入和创新产出。第（3）列中，*Identification* 的系数在1%的水平上显著为正，说明获得高新技术企业认定显著促进了民营上市公司增加了创新投入。第（4）列中，*Identification* 的系数不显著，说明获得高新技术企业认定并没有对民营上市公司创新产出有显著影响。

究其原因，本书进一步进行了单变量检验。表5-6显示了国有上市公司与民营上市公司认定前后的创新投入与创新产出的差异，可以看出，高新技术企业认定后，国有上市公司创新投入与创新产出、民营上市公司的创新投入都比认定前在1%的水平上显著增加，而民营上市公司的创新产出认定前后无显著差异，与多元回归结果保持一致。而在高新技术企业认定前后，国有上市公司的创新投入都在1%的水平上显著低于民营上市公司，但国有上市公司的创新产出都显著高于民营上市公司。这说明高新技术企业认定的确同时促进了国有上市公司和民营上市公司增加创新投入与创新产出，对于二者的差异，可能的原因有两个：第一，国有上市公司可能整体研发投入与销售收入规模都比较大，而研发投入与销售收入的比例却小于民营上市公司，所以导致创新投入小于民营上市公司；第二，由于国有上市公司拥有更多的关系资源，相对于民营上市公司更容易获得专利审批和授权，因此创新产出更多。而民营上市公司由于研发人才和研发资源比较欠缺，专利研发和专利产出的成本都相对较高，因此通过高新技术企业认定对民营上市公司创新产出影响不显著。

以上检验结果，说明本书的结论依然稳健。

表5—5 产权性质分组

变量	(1)	(2)	(3)	(4)
	F. RDI	*F. Patent*	*F. RDI*	*F. Patent*
	国有上市公司	国有上市公司	民营上市公司	民营上市公司
Identification	0.5387 ** (2.1087)	6.6718 *** (3.5287)	0.5982 *** (4.5727)	1.6534 (1.4549)
Size	−0.2614 *** (−2.6124)	8.3132 *** (5.8507)	−0.1315 * (−1.7841)	5.8640 *** (5.9787)
Age	−0.0272 (−1.2186)	−0.3456 (−1.5223)	−0.0520 *** (−3.1134)	−0.1897 (−1.5311)
ROE	1.2376 (1.1893)	31.3095 * (1.7032)	−1.0512 (−0.6170)	4.1613 (0.3507)
Cash	−0.1162 ** (−2.0233)	−0.9344 (−0.6217)	−0.3480 *** (−4.1677)	−0.0097 (−0.0083)
Lev	−0.8010 ** (−2.1518)	−3.6537 (−0.7997)	−2.2016 *** (−6.1530)	−5.6284 * (−1.7435)
Naps	0.0172 (0.6199)	0.0850 (0.2184)	0.0622 *** (3.5931)	−0.0538 (−0.2735)
Mfee	−0.1544 (−0.7229)	6.9068 ** (2.1169)	1.1289 ** (2.4139)	−1.1614 (−1.3436)

续表

变量	（1）	（2）	（3）	（4）
	F. RDI	*F. Patent*	*F. RDI*	*F. Patent*
	国有上市公司	国有上市公司	民营上市公司	民营上市公司
Tagr	0. 3585 ** (2. 1874)	1. 3745 (0. 6830)	0. 0217 (0. 3005)	0. 3092 (0. 3624)
Soi	0. 4895 (1. 6202)	8. 3941 (1. 3412)	0. 2573 *** (3. 1975)	2. 5202 ** (2. 1172)
行业	控制	控制	控制	控制
年度	控制	控制	控制	控制
_ cons	7. 3402 *** (3. 8999)	− 52. 2401 *** (− 5. 2522)	3. 8058 *** (3. 9000)	− 28. 9011 *** (− 4. 5504)
N	4419	4593	12467	8056
R^2	0. 1311	0. 1014	0. 1462	0. 0592
F	165. 77 ***	115. 82 ***	396. 58 ***	116. 37 ***

注：括号内为双尾检验的 t 值。*、** 和 *** 分别表示在10%、5%和1%的水平上显著。

资料来源：作者根据 CSMAR 数据库等上市公司样本数据利用 Stata16 软件整理而得。

表 5 − 6　　　　　　　　　产权性质单变量均值检验

		高新技术企业认定后	高新技术企业认定前	差异性检验
国有上市公司	*RDI*	4. 1714	2. 3054	22. 6659 *** (0. 0000)
	Patent	22. 6899	17. 3047	4. 3695 *** (0. 0000)
民营上市公司	*RDI*	5. 5501	4. 2046	31. 1544 *** (0. 0000)
	Patent	15. 1542	15. 8568	− 2. 0332 (0. 9790)
差异性检验	*RDI*	− 16. 7461 *** (0. 0000)	− 33. 5219 *** (0. 0000)	
	Patent	6. 1143 *** (0. 0000)	2. 2813 ** (0. 0113)	

注：括号内为双尾检验的 t 值。** 和 *** 分别表示在5%和1%的水平上显著。

资料来源：作者根据 CSMAR 数据库等上市公司样本数据利用 Stata16 软件整理而得。

三、企业规模分组检验

根据熊彼特的创新假说，企业规模对创新行为具有重要的影响，这也得到了诸多学者的证实。企业规模越大，企业进行创新活动的概率越高（Schmookler & Brownlee，1962；Braga & Willmore，1991），技术创新效率（牛泽东和张倩肖，2012；肖仁桥等，2015）和生产效率（邓可斌和曾海舰，2014）也都越高。周黎安和罗凯（2005）指出大企业更具有融资优势和风险抵御能力，因而更具有创新优势，而中小企业由于普遍存在较高的融资约束（魏志华等，2014），无法承担巨额研发费用和失败的损失，因此不愿意冒险创新。而卢君生等（2018）、黄惠春和李媛（2020）却发现高新技术企业认定对中小企业或年轻企业的创新激励作用更显著。

参考已有研究，本书按照企业规模均值将样本进行分组检验，企业规模大于 8.151 的为大企业，企业规模小于或等于 8.151 的为小企业。表 5 - 7 列示了高新技术企业按企业规模分组对企业创新的影响的检验结果，只有第（2）列中 *Identification* 的系数在 10% 的水平上显著为正，说明高新技术企业认定促进了大企业的创新产出，而高新技术企业认定对大企业创新投入、小企业创新投入和创新产出作用都不显著。可能的原因是，大企业研发投入和销售收入规模都相对较大，而研发投入占销售收入的比例可能会低于小企业，这也与高新技术企业认定管理办法中保持一致。[①] 即年销售收入越高的企业，研发投入占销售收入的比例越低，因此高新技术企业认定对大企业和小企业的创新投入影响不显著。同时相对于小企业，大企业有更多的人才和资金进行专利技术开发与申请，因此高新技术企业认定促进了大企业创新产出增加，而对小企业作用不显著。以上检验结果，说明本书的结论依然基本稳健。

---

① 如规定最近一年销售收入在 5000 万元至 2 亿元（含）的企业，比例不低于 4%；最近一年销售收入在 2 亿元以上的企业，比例不低于 3%。

表 5 - 7 　　　　　　　　　　企业规模分组

变量	(1) F. RDI 大企业	(2) F. Patent 大企业	(3) F. RDI 小企业	(4) F. Patent 小企业
Identification	0.0919 (0.5531)	4.3655 * (1.6507)	0.1837 (0.8700)	- 1.6571 (- 1.5976)
Size	- 0.0841 (- 0.6983)	3.2570 (0.9765)	0.3123 (1.5758)	1.0522 (0.8243)
Age	- 0.0169 (- 0.2219)	2.1171 (0.4166)	- 0.2524 (- 1.2286)	0.4927 (0.6384)
ROE	- 1.1688 (- 1.2634)	12.0790 (0.5763)	1.4876 (0.6412)	1.6969 (0.1582)
Cash	- 0.0693 (- 1.4958)	0.8858 (0.6022)	- 0.0626 (- 0.5398)	- 2.4402 (- 1.6407)
Lev	0.0514 (0.1220)	5.9123 (0.7395)	- 1.1335 ** (- 2.4754)	- 0.4509 (- 0.1778)
Naps	0.0255 * (1.9046)	0.2854 (0.6749)	0.0962 *** (3.1934)	0.1963 (1.1959)
Mfee	0.2467 (0.8735)	5.4746 (1.2867)	0.0741 (0.1584)	0.4401 (0.5157)
Tagr	- 0.0890 (- 1.1865)	1.8694 (1.2363)	0.0079 (0.0654)	1.1504 (1.2612)
Soi	0.0643 (0.7713)	5.9303 * (1.8224)	0.1096 (0.8679)	0.2381 (0.3156)
行业	控制	控制	控制	控制
年度	控制	控制	控制	控制
_ cons	3.1156 ** (2.2646)	- 45.2092 (- 0.7266)	5.1188 ** (2.1424)	- 6.2700 (- 0.4965)
N	9321	6380	9067	7266
R^2	0.0512	0.0221	0.0235	0.0252
F	9.37 ***	4.1 ***	3.03 ***	5.01 ***

注：括号内为双尾检验的 t 值。*、** 和 *** 分别表示在 10%、5% 和 1% 的水平上显著。
资料来源：作者根据 CSMAR 数据库等上市公司样本数据利用 Stata16 软件整理而得。

四、融资约束程度分组检验

融资约束理论认为，当企业面临融资困境时，企业不得不放弃净现值为正的投资项目（Fazzari & Athey，1987）。企业创新由于投入金额较大、回收期较长以及存在较高风险等，难以通过外部融资获得创新资源，存在严重的融资约束问题（Allen et al.，2005；David et al.，2008；温军等，2011；Amore et al.，2013；Chava et al.，2013；周方召等，2014；Cornaggia et al.，2015）。同时，银行与企业之间的信息不对称导致银行惜贷，进一步加剧了企业创新的融资约束（汪昌云等，2014）。张杰等（2017）发现融资约束显著抑制了民营企业研发投入，银行贷款对企业研发投入有负面影响。罗正英等（2014）指出金融发展程度较高时，可以缓解融资约束对民营企业创新投资的抑制作用，提高民营企业技术创新能力。白俊红和刘宇英（2021）也发现金融市场化有助于缓解企业外部融资约束，从而促进企业技术创新。

参考已有研究，本书分别借鉴魏志华等（2014）测算 KZ 指数、洛克和皮尔斯（Hadlock & Pierce，2010）测算 SA 指数①度量上市公司融资约束程度，并根据 KZ 指数和 SA 指数均值将样本分为融资约束程度高组和融资约束程度低组，分别检验不同融资约束程度下高新技术企业认定对企业创新的影响。

从表 5-8 和表 5-9 中第（2）列可以看出，在被解释变量是创新产出时，*Identification* 的系数分别在 1% 和 5% 的水平上显著为正。高新技术企业认定只促进了融资约束程度较高的上市公司增加创新产出，而对融资约束程度较高的上市公司创新投入、融资约束程度较低的上市公司创新投入和创新产出都无显著影响。可能的原因是，对于融资约束程度较高的上市公司来说，由于创新资金有限，因此增加研发投入的能力有限，高新技术企业认定后，融资约束程度较高的上市公司在没有增加创新投入的情况下，却实现了专利产出增加，说明融资约束程度较高的上市公司创新产出得到了提高。而对于融资约束程度较

---

① SA 指数 $= -0.737 \times Size + 0.043 \times Size^2 - 0.040 \times Age$。

低的上市公司来说，自有资金和外部创新资源相对充足，通过高新技术企业认定带来的税收优惠和其他资源对其是"锦上添花"的作用，对其创新活动影响不显著。以上检验结果，说明本书的结论依然基本稳健。

表 5－8　　　　　　　　融资约束程度分组（KZ 指数）

变量	（1）F. RDI 融资约束程度高	（2）F. Patent 融资约束程度高	（3）F. RDI 融资约束程度低	（4）F. Patent 融资约束程度低
Identification	0.1469 (0.8538)	3.5150 *** (2.7444)	−0.1353 (−0.6439)	2.1807 (1.3134)
Size	0.0559 (0.5342)	2.1973 (1.5233)	0.2694 * (1.8798)	2.5783 (1.4076)
Age	0.1100 *** (5.8381)	0.1362 (0.5899)	0.0841 *** (4.1437)	−0.8436 *** (−2.5886)
ROE	0.1305 (0.0825)	21.8053 (1.4354)	0.9473 (0.6275)	−7.0261 (−0.2482)
Cash	−0.1635 ** (−2.0112)	−2.3103 * (−1.6951)	−0.0314 (−0.3888)	3.2465 (1.4585)
Lev	−0.5236 (−1.1400)	1.7267 (0.3605)	−1.4196 *** (−4.1790)	−6.4593 (−0.8826)
Naps	0.0674 *** (2.7494)	0.5397 (1.4402)	0.0515 *** (2.7768)	0.2677 (0.8409)
Mfee	−0.1690 (−0.4104)	4.2414 (1.6012)	0.3177 (1.0075)	1.5452 (0.4071)
Tagr	−0.0033 (−0.0263)	1.7688 (1.2807)	−0.1637 ** (−2.2469)	−1.3945 (−1.3189)
Soi	0.1127 (0.9598)	1.5013 (0.7462)	0.0894 (0.9239)	3.6685 * (1.6745)
行业	控制	控制	控制	控制
年度	控制	控制	控制	控制

续表

变量	(1) *F. RDI* 融资约束程度高	(2) *F. Patent* 融资约束程度高	(3) *F. RDI* 融资约束程度低	(4) *F. Patent* 融资约束程度低
_ *cons*	1. 3456 ** (1. 9647)	− 10. 5671 (− 1. 1475)	1. 2682 (1. 3323)	10. 0882 (0. 9092)
N	9628	7829	8760	5817
R^2	0. 0232	0. 0100	0. 0346	0. 0044
F	7. 45 ***	4. 28 ***	9. 41	1. 43

注：括号内为双尾检验的 *t* 值。*、** 和 *** 分别表示在10%、5%和1%的水平上显著。
资料来源：作者根据 CSMAR 数据库等上市公司样本数据利用 Stata16 软件整理而得。

表 5 – 9　　　　　　　　　融资约束程度分组（SA 指数）

变量	(1) *F. RDI* 融资约束程度高	(2) *F. Patent* 融资约束程度高	(3) *F. RDI* 融资约束程度低	(4) *F. Patent* 融资约束程度低
Identification	0. 0237 (0. 1542)	3. 6636 ** (2. 3686)	0. 0601 (0. 3081)	0. 4455 (0. 2501)
Size	0. 1214 (0. 8033)	3. 5549 * (1. 6565)	0. 0609 (0. 5096)	− 1. 8150 (− 1. 3424)
Age	0. 0423 (1. 4744)	− 0. 1655 (− 0. 4340)	0. 1586 *** (8. 1299)	− 0. 3695 (− 1. 5245)
ROE	1. 7744 (1. 3091)	23. 9685 (1. 1342)	0. 2744 (0. 2304)	1. 8360 (0. 1314)
Cash	− 0. 1136 (− 1. 1751)	0. 7299 (0. 4877)	− 0. 1268 ** (− 1. 9937)	− 1. 4062 (− 0. 9440)
Lev	− 0. 6733 * (− 1. 7341)	5. 9073 (0. 8769)	− 0. 2502 (− 0. 5443)	− 6. 1042 (− 1. 1325)
Naps	0. 0685 *** (3. 3682)	0. 4044 (1. 1133)	0. 0468 ** (2. 1888)	0. 4552 (1. 2389)
Mfee	− 0. 2402 (− 0. 7161)	1. 1420 (0. 7669)	0. 6666 * (1. 8348)	5. 0817 (1. 2810)

续表

变量	（1）	（2）	（3）	（4）
	F. RDI	F. Patent	F. RDI	F. Patent
	融资约束程度高	融资约束程度高	融资约束程度低	融资约束程度低
Tagr	−0.0816	−0.0786	−0.0435	2.1446*
	（−1.2229）	（−0.0479）	（−0.4881）	（1.8926）
Soi	0.0180	−0.3579	0.0790	7.1486***
	（0.1674）	（−0.2026）	（0.7713）	（3.1834）
行业	控制	控制	控制	控制
年度	控制	控制	控制	控制
_ cons	2.9629***	−14.6604	0.0826	35.7424***
	（3.0230）	（−1.0113）	（0.0978）	（3.9954）
N	7137	7601	11251	6045
R^2	0.0099	0.0049	0.0382	0.0116
F	3.39***	1.62***	10.78***	2.94***

注：括号内为双尾检验的 t 值。*、** 和 *** 分别表示在 10%、5% 和 1% 的水平上显著。

资料来源：作者根据 CSMAR 数据库等上市公司样本数据利用 Stata16 软件整理而得。

五、公司治理水平分组检验

公司治理是企业的制度安排，较高的公司治理水平可以降低投资者、债权人、政府和企业之间的信息不对称，影响企业获取的创新资源，必定会对企业创新活动产生影响。委托代理理论认为，委托代理问题导致经营者主要关心个人效用最大化，会削弱其对高风险创新活动的关注，而通过实施股权激励可以实现经营者与所有者利益保持一致（Jensen & Meckling，1976），从而激励经营者进行创新投资。学者们从公司治理的不同方面进行了研究，如范（Van，1993）认为股权适度集中会促使所有者选拔更有能力的经营者，促使经营者可以更好地实施企业创新的长远战略。曼斯菲尔德（Mansfield，1968）都发现所有权结构稳定会促进企业创新活动。发现不同的公司治理特征对高新技术企业研发投资行为影响不同，独立董事的存在、高管人员平均年薪和两职兼任都促进了企业研发投资增加，而国家所有权和资产负债率对企业研发投资是负面影响，股权集中度则作用不显著。董事长持股、高管持股比例及监事会主席持股比例都对企业创新效率有正向影响，而董事会和监事会规模则无显著影响。鲁桐和党印（2014）发现劳动密集型、资本密集型和技术密集型三个行业中，第二至第十大股东持股比例、基金持股比例和董监高持股比例都显著促进了企业研发投入增加。董监高薪酬激励对企业创新的促进作用只在后两个行业中显著。周铭山和张倩倩（2016）发现政治晋升激励可以促使国有企业 CEO 更加注重增加研发投入，并且提高了创新产出的增值能力。而且，股权激励、小规模董事会、股权集中条件下的股权制衡都有助于提高企业研发投入，而高管薪酬、独立董事占比和两职兼任则作用不显著。石晓军和王骜然（2017）发现双层股权制度有利于促进企业创新投入。而且，股权集中度、独立董事、两职合一和企业会议次数都显著促进了企业技术创新，但股权结构变动不利于企业创新。

借鉴瘳理等（2008）的研究，本书利用主成分分析法构建公司治理水平指数，具体包括控股股东、董事会、管理层和信息披露四个维度，整体反映公司治理中的大股东制水平、董事会和管理层的作用及信息披露水平。该指数得分越高，公司治理水平越高。按照公司治理水平均值将样本公司分为高公司治理水平组和低公司治理水平组，分别检验不同公司治理水平下高新技术企业认定对企业创新的影响。

表 5-10 中第（4）列可以看出，在被解释变量是创新产出时，*Identification* 的系数在 1% 的水平上显著为正，说明高新技术企业认定只促进了公司治理水平较低的上市公司增加创新产出，而对公司治理水平较高的上市公司创新投入和创新产出、公司治理水平较低的上市公司创新投入都无显著影响。可能的原因是，对于公司治理水平较高的上市公司来说，外部信息不对称程度较低，企业自有资金及外部融资相对丰富，高新技术企业认定的信号传递效应并未有效发挥作用，因此对公司治理水平较高的上市公司创新投入和创新产出并无显著影响。而对于公司治理水平较低的上市公司来说，通过高新技术企业认定不仅带来了税收优惠和其他资源，而且传递了创新能力强的信号，

有利于降低外部信息不对称，获取创新资源。但由于公司治理水平较低，经营者出于自身利益最大化考虑而较少投资高风险的创新项目，高新技术企业认定后，在没有增加创新投入的情况下，却实现了专利产出的显著增加，说明高新技术企业认定促进了公司治理水平较低的上市公司的创新效率的提高。以上检验结果，说明本书的结论依然基本稳健。

表 5 – 10　　　　　　　　　公司治理水平分组

变量	(1)	(2)	(3)	(4)
	F. RDI	*F. Patent*	*F. RDI*	*F. Patent*
	高公司治理水平	高公司治理水平	低公司治理水平	低公司治理水平
Identification	0.1660 (0.8645)	1.6279 (1.0826)	0.0475 (0.2967)	4.8736 *** (2.7953)
Size	0.2950 ** (2.2248)	1.0124 (0.5207)	− 0.0459 (− 0.4337)	2.0271 (1.3204)
Age	0.0907 *** (3.4692)	− 0.1575 (− 0.4835)	0.1288 *** (8.4908)	− 0.1407 (− 0.6324)
ROE	1.2600 (0.6284)	0.9887 (0.0717)	0.9401 (0.8949)	28.6359 * (1.7318)
Cash	− 0.2669 ** (− 2.5699)	− 0.2319 (− 0.1420)	− 0.0452 (− 0.6861)	− 1.1083 (− 0.8224)
Lev	− 0.9703 ** (− 2.1083)	1.9964 (0.3120)	− 0.4963 (− 1.4796)	− 0.5817 (− 0.1184)
Naps	0.0802 *** (3.4240)	0.6955 *** (2.6715)	0.0276 (1.5677)	0.3481 (0.9336)
Mfee	0.0812 (0.1547)	2.2138 (1.6189)	0.2479 (0.8711)	4.6202 (1.3275)
Tagr	− 0.2570 *** (− 3.2616)	0.4639 (0.3377)	0.0688 (0.7441)	1.1947 (0.8961)

续表

变量	(1) F. RDI 高公司治理水平	(2) F. Patent 高公司治理水平	(3) F. RDI 低公司治理水平	(4) F. Patent 低公司治理水平
Soi	0.0895 (0.7756)	0.9544 (0.6808)	0.0333 (0.3931)	4.3080 (1.5539)
行业	控制	控制	控制	控制
年度	控制	控制	控制	控制
_cons	1.1207 (1.2935)	3.5547 (0.3187)	1.5166** (2.0583)	-1.1746 (-0.1060)
N	9110	5824	9278	7822
R^2	0.0226	0.0039	0.0407	0.0063
F	6.26***	1.86**	13.16***	2.36***

注：括号内为双尾检验的 t 值。*、** 和 *** 分别表示在 10%、5% 和 1% 的水平上显著。
资料来源：作者根据 CSMAR 数据库等上市公司样本数据利用 Stata16 软件整理而得。

六、上市公司透明度分组检验

一方面，上市公司透明度的提高，可以缓解投资者与企业之间的信息不对称，降低企业融资成本（Demsetz，1968；Diamond & Verrecchia，1991；Bhushan，2006；曾颖和陆正飞 2006），企业可以获得更多的资金供给（Plumlee et al.，2015；吴红军等，2017），弥补企业创新资源不足，从而促进企业创新。韩鹏和岳园园（2016）发现创新行为自愿性信息披露水平越高，越有利于提升企业价值。陈等（Chen et al.，2011）利用国家层面数据发现企业信息披露促进了创新，尤其在政府对投资者保护程度较低的地区作用越显著。井上（Inoue，2016）发现信息披露加强了公司与投资者之间的联系，可以促进企业创新。张文菲和金祥义（2018）发现信息披露显著促进了企业创新投入和专利产出。杨道广等（2020）发现业绩预告的披露通过提高公司透明度，从而显著促进企业创新。雷新途和温卿云（2021）认为信息透明度的提高缓解了融资约束并降低了由于研发失败管理层所要承担的成本，从而激励了管理者的研发投资。

另一方面，透明度的提高，有助于对经营者加强监管，可以约束经营者的道德风险和逆向选择，可以确保经营者合理利用创新资金。但同时研发信息涉及企业产品和技术的机密信息，如果信息透明度过高，则可能会被竞争对手利用从而损害企业创新价值（Bhattacharya & Ritter，1983；Ellis et al.，2012；何雨晴和丁红燕，2021）。李春涛等（2020）发现年度报告可读性较高的公司，分析师关注增加会导致企业为了防止核心信息泄露而减少企业创新活动。王帆等（2020）发现存在年报预约披露延迟的企业会出现融资约束程度上升，从而导致之后 3～5 年的累计创新产出会显著下降。

借鉴雷新途和温卿云（2021）的研究，本书采取沪深证券交易所对上市公司的信息披露质量评级来度量上市公司透明度，沪深证券交易所对上市公司信息披露进行考评，考评内容包含披露及时性、准确性、完整性、合法性四个方面，考评结果分为"A""B""C""D"四个等级。本书将披露评级达到"B"级及以上的上市公司作为高透明度组，披露评级在"B"级以下的上市公司作为低透明度组。

表 5-11 列示了不同透明度下高新技术企业认定对企业创新的影响。只有第（2）列被解释变量为创新产出时，*Identification* 的系数在 1% 的水平上显著为正，说明高新技术企业认定促进了高透明度上市公司的创新产出，而高新技术企业认定对高透明度上市公司的创新投入、低透明度上市公司的创新投入和创新产出作用都不显著。可能的原因是高透明度上市公司信息不对称程度较低，通过高新技术企业认定进一步传递了创新能力较高的信号，有利于企业获取更多的创新资源，从而提高专利产出，由于高透明度上市公司研发投入相对较高，高新技术企业认定后，高透明度上市公司研发投入无显著增加，专利产出却显著增加，说明高透明度上市公司的创新效率得到提升。而对于低透明度上市公司来说，由于与投资者之间存在较高的信息不对称，高新技术企业认定传递的关于创新能力较强的信号不足以缓解这种信息不对称，难以给企业带来外部融资和创新资源，因此对企业创新投入和创新产出作用不显著。以上检验结果，说明本书的结论依然基本稳健。

表 5 –11   公司透明度分组

变量	(1)	(2)	(3)	(4)
	F. RDI	F. Patent	F. RDI	F. Patent
	高透明度	高透明度	低透明度	低透明度
Identification	0.1710 (1.3467)	3.3061 *** (2.5942)	– 0.9771 (– 1.5840)	1.5638 (0.5013)
Size	0.1224 (1.4098)	1.3063 (1.2360)	0.2124 (0.7168)	3.7346 (0.4627)
Age	0.1040 *** (7.7238)	– 0.1113 (– 0.6400)	0.1317 * (1.7532)	– 0.2042 (– 0.2061)
ROE	0.7064 (0.7444)	18.2737 (1.4817)	– 1.9044 (– 0.2920)	– 33.8555 (– 0.9381)
Cash	– 0.0397 (– 0.9119)	– 1.1620 (– 1.1116)	– 1.1380 ** (– 2.0764)	0.9480 (0.3606)
Lev	– 0.8630 *** (– 2.6716)	0.4926 (0.1216)	1.2382 (1.2087)	– 11.6946 (– 0.9974)
Naps	0.0493 *** (3.5501)	0.4815 ** (2.0761)	0.2633 ** (2.2065)	0.2517 (0.2191)
Mfee	0.5778 ** (2.0858)	3.3606 (1.5065)	– 1.1207 (– 1.1430)	0.5863 (0.4766)
Tagr	– 0.1094 (– 1.6382)	1.3186 (1.2963)	0.0511 (0.1910)	– 3.5491 (– 1.1218)
Soi	0.0330 (0.4421)	2.3393 (1.4966)	0.4744 (1.1531)	– 5.6383 (– 1.1216)
行业	控制	控制	控制	控制
年度	控制	控制	控制	控制
_ cons	1.3425 ** (2.2322)	2.9275 (0.4181)	– 0.2131 (– 0.1037)	– 7.4408 (– 0.1669)
N	16654	12574	1734	1072

续表

变量	(1)	(2)	(3)	(4)
	$F. RDI$	$F. Patent$	$F. RDI$	$F. Patent$
	高透明度	高透明度	低透明度	低透明度
R^2	0.0312	0.0044	0.0606	0.0109
F	13.7***	3.15***	2.08**	1.29

注：括号内为双尾检验的 t 值。*、** 和 *** 分别表示在10%、5%和1%的水平上显著。
资料来源：作者根据 CSMAR 数据库等上市公司样本数据利用 Stata16 软件整理而得。

第六节　小结

本书以高新技术企业认定政策为研究对象，检验高新技术企业认定对企业创新的影响。以2008～2020年沪深 A 股高新技术上市公司为样本，采用单变量分析和多元回归分析方法，检验结果发现，高新技术企业认定显著促进了企业创新投入和创新产出增加。进一步检验发现，在市场化水平较低、非国有经济发展水平较低、要素市场发育水平较低和中介组织发育水平较低的地区，高新技术企业认定对企业创新投入和创新产出的促进作用更加显著。本书还进行了一系列稳健性检验，如按企业产权性质分组、按企业规模分组、按融资约束程度分组、按公司治理水平分组和按公司透明度分组等，检验结果依然保持稳健。

本书的检验结果意味着，高新技术企业认定政策发挥了引导企业创新的作用，尤其在制度环境落后地区，高新技术企业认定政策更能带动企业创新投入和增加创新产出。本书在理论上有助于从信号传递理论视角丰富和拓展政府扶持企业创新政策的经济后果的相关研究，还有助于从实践上科学评估高新技术企业认定政策的有效性，还可以为进一步完善和实施高新技术企认定政策提供理论依据和政策参考。

本书的政策建议如下。第一，加大高新技术企业认定政策在制度环境落后地区的实施力度。在制度环境落后地区，高新技术企业认定政策能够发挥信号传递作用，降低企业与外部投资者之间的信息不对称，给企业带来创新资源，从而可以促进企业创新。因此在制度环境落后地区，应加大培育和认定高新技术企业的力度，以使更多的企业可以享受高新技术企业税收优惠及其他优惠政策，从而带动更多企业的创新活动，促进地区产业结构转型。第二，要区分不同类型企业分别实施引导创新的行为，进一步加大对民营企业专利申请和审批的支持力度，加大对小企业、融资约束程度低的企业、公司治理水平高公司透明度低的企业的认定后监督，查找创新投入和创新产出未显著增加的原因，以更有针对性地引导这些企业创新。

第六章

高新技术企业认定企业
创新效应的作用机制

第一节　引言

如前文所述，高新技术企业认定促进了企业创新，不仅增加了创新投入，还增加了创新产出，尤其在制度环境落后地区作用更显著。进一步，本书分析高新技术企业认定通过什么途径影响了企业创新。

大量文献证明，税收优惠和政府补贴是政府扶持企业创新过程中经常使用的政策工具（Holemans & Sleuwaegen，1988；Hall & Reenen，2000；Yang et al.，2012；Aghion et al.，2012；唐清泉等，2012；李玲和陶厚永，2013；杨洋等，2015；水会莉等，2015；Guo et al.，2016；Acemoglu et al.，2018）。虽然银行贷款对企业创新是积极作用还是抑制作用尚无定论（Acemoglu & Zilibotti，1997；David et al.，2008；解维敏和方红星，2011；张杰等，2017；Cosci et al.，2016；吴尧和沈坤荣，2020），但近年来政府不断采取各种手段推动金融与科技融合，如"科技贷"、专利质押贷款等措施，以补充企业创新资源。真纳约利等（Gennaioli et al.，2012）指出人力资本是企业创新的战略资源，只有拥有高技能人力资本，企业才能开发核心自主知识产权。

基于以上分析，本书主要从税收优惠、政府补贴、银行贷款和人力资本四个方面分析高新技术企业认定对企业创新的作用机制。

第二节　理论分析与研究假设

一、高新技术企业认定、税收优惠与企业创新

一方面，税收优惠是各国政府经常使用的扶持企业创新的手段（Greenwald & Stiglitz，1986），可以增加企业的经营现金流量，降低企业创新成本，能够促进企业增加研发投入（Bloom et al.，2002；Czarnitzki et al.，2011；Fabiani & Sbragia，2014；李林木和汪冲，2017）。王彦超等（2019）发现税收优惠可以促进企业增加创新投入，尤其对民营企业作用更明显。周燕和潘遥（2019）发现采用税收优惠政策则交易费用较少，因为企业产品需要先经过市场检验取得一定收入，才可以获取税收减免，因此可以推动企业技术进步和产业发展。孙自愿等（2020）认为税收优惠强度激励了企业的创新产出，研发费用加计扣除政策的创新激励效果好于优惠税率政策，尤其对大规模企业和非国有企业在政府干预更多的地区、法制环境更完善的地区作用更加明显。贺康等（2020）发现研发费用加计扣除政策的实施，显著促进了企业创新产出和创新效率提升，但主要对非国有企业、大规模企业、非高新技术企业和高市场化地区企业作用更加显著。郭健等（2020）发现研发费用加计扣除政策通过促进企业技术进步显著促进了企业全要素生产率提高，尤其对盈利能力较弱和资本密集型企业的提升效应更明显。李苏敏和李小胜（2020）发现减税能提高企业产出增长率，从而增加企业盈利水平和创新效率。卫舒羽和肖鹏（2021）发现税收优惠能更加显著地促进企业加大研发投入，尤其对大规模企业和国有企业的激励作用更明显。

另一方面，部分学者认为税收优惠对企业创新作用有限。如黎文靖和郑曼妮（2016）发现受到产业政策激励的公司，预期会得到更多的政府补贴和税收优惠，而企业非发明专利申请会显著增加，说明企业主要是为了寻求政策扶持而进行策略性创新。李维安等（2016）认为税收优惠在一定程度上通过提高企业创新投入，从而提升了企业的创新绩效，但某些企业虽然获得了优惠但并未开展相应的创新活动，

这些企业主要利用高新技术企业所得税优惠政策规避税收。曼斯菲尔德（Mansfield，1986）和李丽青（2007）也发现企业并未将税收优惠的资金用于增加创新投入。王春元和叶伟巍（2018）发现我国上市公司普遍存在融资约束，而税收优惠虽然能够促进企业自主创新，但难以抵消融资约束的负效应，导致税收优惠政策难以有效发挥作用。常青青（2020）发现税收优惠能够显著促进企业外观设计和实用新型专利创新效率的提升，不能提高企业的发明专利创新效率，尤其对非国有企业更加显著。韩凤芹和陈亚平（2020）发现高新技术企业税收优惠可以促进企业研发绩效、盈利绩效和成长绩效提升，但也导致了部分企业的迎合创新投入行为，对存在迎合行为的企业创新作用不显著，并且对企业未来成长存在抑制作用。伍红和郑家兴（2021）发现实际税率对企业创新效率提高是负向作用，并且对高端和中低端制造业企业的影响存在门槛效应。

此外，高新技术企业认定管理办法及企业所得税法规定，当企业符合高新技术企业相关条件时，可以享受企业所得税15%的优惠税率，高新技术企业税收优惠极大地激励了企业创新（程曦和蔡秀云，2017；潘孝珍和燕洪国，2018；李香菊和杨欢，2019）。同时，如前所述，企业研发费用加计扣除比例从150%上升到175%，又进一步上升到2021年的200%，企业税收优惠力度逐步加大，企业税收负担进一步减轻，张俊瑞等（2016）以及梁俊娇和贾昱晞（2019）都发现研发费用加计扣除优惠政策比高新技术企业15%的企业所得税优惠税率对企业创新激励作用更显著。

根据以上分析，本书提出以下研究假设：

假设3a：高新技术企业认定可以通过税收优惠促进企业创新。

二、高新技术企业认定、政府补贴与企业创新

一方面，由于企业创新的高风险性和高失败率，企业无法独占创新收益而导致企业创新低于社会最优创新水平，损害了社会福利，因此需要政府对企业创新给予一定政府补贴以解决企业创新过程中不可避免的市场失灵问题（Arrow，1962；Stiglitz，1989）。政府补贴弥补

了创新投资的正外部性缺陷，有效降低了企业不能独占创新收益的风险，减少了企业创新投资成本，提高了创新活动私人收益率，从而刺激企业增加创新投资（Lichtenberg，1987；唐清泉和徐欣，2010）。此外，政府补贴除了给企业带来现金收益外，还具有信号传递作用，有利于企业获得银行贷款（Kleer，2010；Meuleman & Maeseneire，2012；高艳慧等，2012），从而促进企业创新投资。解维敏和方红星（2011）发现政府研发支出显著激励了企业研发支出的增加。李汇东等（2013）也发现与股权融资和债权融资相比，政府补贴最能显著提高上市公司创新投资，且政府补助还可以刺激上市公司通过债权融资提高公司创新投资。政府补贴缓解了企业融资约束，从而推动了企业创新。陈玲等（2016）发现政府研发补贴主要流向年轻企业和人力资本较多的本土企业，并促进了企业资助研发投入。郭等（Guo et al.，2016）也发现政府补贴显著促进了企业扩大自主研发支出规模。林菁璐（2018）认为政府补贴能显著促进中小企业增加研发投资。康志勇（2018）发现政府补贴可以提升企业专利质量，但这种效应具有滞后性，并且对民营企业的影响具有持续性。伍健等（2018）以战略性新兴产业为研究对象，发现政府补贴具有信号传递作用，可以帮助企业获得创新资源，从而促进企业提升了创新绩效。周燕和潘遥（2019）发现财政补贴会增加政策制定、执行和退出的费用，扭曲了市场竞争规则，从而难以促进企业技术提升。而税收优惠政策则交易费用较少，因为企业产品需要先经过市场检验取得一定收入，才可以获取税收减免，因此可以推动企业技术进步和产业发展。李晓钟和徐怡（2019）认为政府补贴显著促进了电子信息产业的创新绩效提升，但主要在当期对国有企业比较显著，对民营企业创新绩效促进作用存在滞后性。伍红和郑家兴（2021）发现政府补助力度促进了企业创新效率提高。

另一方面，政府补贴对企业创新也可能存在挤出效应或作用不显著。如吴俊等（2016）发现政府补贴对企业产品创新和工艺创新作用都不显著。李晓钟和徐怡（2019）发现政府补贴促进了当期研发活动增加，但对未来期却呈现抑制作用。于等（Yu et al.，2016）也认为政府补贴过度会挤出企业自身的研发投入。闫志俊等（2017）发现政府补贴对新兴产业的创新绩效有抑制作用，企业主要拿政府补贴弥补较高的生产成本，而并没有用于技术创新。李万福等（2017）发现随着政府补贴的增加，企业自主创新投入却在降低，政府补贴挤出了企业创新投入。

此外，在高新技术企业认定过程中，很多省市都发布了不同的政府补贴措施，如对加入高新技术企业培育库、首次获得高新技术企业认定及研发成果转化等给予金额不等的奖励。[①] 庞瑞芝等（2014）、杨国超等（2017）、孙刚（2018）、雷根强和郭玥（2018）、邱洋冬和陶锋（2020）等也都发现企业通过高新技术企业认定后获得了更多的政府补贴，补充了企业创新资源，从而激励了企业创新（雷根强和郭玥，2018；徐晔和蔡奇翰，2019；金宇等，2019；简佩茹，2019）。

基于以上分析，本书提出以下研究假设：

假设3b：高新技术企业认定可以通过政府补贴促进企业创新。

三、高新技术企业认定、银行贷款与企业创新

曹春方等（2014）、纪志宏等（2014）、干春晖等（2015）等都发现地方会扩大信贷规模和给予企业更多的融资便利。解维敏和方红星（2011）、蔡地和万迪昉（2012）、周方召等（2014）也都发现当地方政府注重提高地区金融发展水平时，企业研发活动和研发投入都更多。以银行贷款为主的关系型债务越多和金融关联的存在都有利于企业获得更多的银行贷款（David et al.，2008；温军等，2011；周雪峰和左静静，2018，2019），尤其是债务期限结构长期化更有利于促进企业创

[①]　例如河南省 2018 年 10 月 31 日发布的《高新技术企业倍增计划实施方案》中规定，省财政资金按照各地实际落实奖补资金的一定比例，对首次获得高新技术企业认定的企业给予配套奖补。其中，对销售收入 1000 万元（含）以上的企业给予最高 30 万元的奖补，对销售收入 200 万元（含）至 1000 万元的企业给予最高 20 万元的奖补，对销售收入 200 万元以下的企业给予最高 10 万元的奖补。又如，厦门市 2019 年 7 月 25 日发布的《关于实施高技术高成长高附加值企业倍增计划的意见》中规定，对"三高"企业在厦门市实施的高新技术成果转化项目，自认定年度起两年内，按其应缴已缴增值税地方留成部分的 60% 给予补助，每家企业每年补贴最高不超过 500 万元。

新投入和发明专利申请（Herrera & Minetti，2007；吴尧和沈坤荣，2020）。王玉泽等（2019）发现企业杠杆率与创新投入、创新产出之间存在倒"U"型关系，当杠杆率小于 43.01% 时可以促进企业创新投入与创新产出增加。温军等（2011）发现以银行贷款为主的关系型债务显著促进了企业研发投资增加，尤其对中小企业更加明显。解维敏和方红星（2011）发现银行业改革和地区金融发展扩大了企业融资渠道，推动了企业研发投入增加。张杰等（2017）发现银行贷款对企业研发投入有负面影响，但国有企业研发投入主要依赖现金流、注册资本以及银行贷款。而且，民营企业与政府建立联系可以帮助企业获得银行贷款并促进其增加研发投入。戴静和张建华（2013）发现金融所有制歧视抑制了国有经济比重较高地区的创新产出。马光荣等（2014）发现企业获得银行贷款后，研发概率和研发强度都会相应提升，并且全要素生产率增长也更快。姚耀军和董钢锋（2015）发现中小银行发展推动的银行业结构变化显著缓解了中小企业融资约束。李后建和刘思亚（2015）发现银行信贷显著促进了企业创新，对小企业和年轻企业作用更加显著，但随着国有股权比例的增加这种激励效应相应减弱。钟腾和汪昌云（2017）发现股票市场比银行业更能缓解企业外部融资约束，从而促进企业发明专利创新，尤其在知识产权保护程度更高的地区作用更加显著，并且专利创新可以提高公司未来五年的市场价值。贾俊生等（2017）发现信贷市场增加了企业获得信贷的机会，从而促进了创新，但资本市场融资功能不完善导致未能发挥对创新的促进作用。叶永卫和李增福（2020）发现在 2007 年的银行续贷政策改革之后，企业信贷规模缩减和信贷期限缩短，企业融资成本上升，从而导致企业高质量发明专利大幅下降，降低了企业创新质量。江轩宇等（2021）发现企业通过债券融资，不仅能降低银行贷款利率，还能延长银行贷款期限，从而促进企业创新。

另外，高新技术企业认定具有信号传递效应，代表了政府对企业创新能力的权威认可，有利于企业获得外部贷款资源（许玲玲，2017；黄惠春和李媛，2020），从而可以进一步促进企业创新。同时，各地市都发布了诸多科技金融政策，如开展"科技贷"业务、扩大对科技型企业担保的范围、规模和补偿力度、引导和鼓励民间资本扶持高新技术企业创新。[①]

基于以上分析，本书提出以下研究假设：

假设 3c：高新技术企业认定可以通过银行贷款促进企业创新。

四、高新技术企业认定、人力资本与企业创新

一方面，内生增长理论认为，技术进步是企业获得超额利润和国家长期经济增长的源泉，而技术进步根源于企业内部的研究开发活动（Romer，1990；Grossman & Helpman，1991；Aghion & Howitt，1992），拥有技术知识和人力资本的研究开发人才是企业最具创造力的战略资源，是企业财富的真正创造者，正是拥有人力资本所有者的劳动才实现了企业非人力资本（货币资本、实物资本、信用资本等）的保值、增值和扩张，"资本雇佣劳动"的企业逻辑正在被"劳动占有资本"所逐渐替代，企业人力资本正在通过持有公司股票或参与利润分享逐渐成为企业的主导力量。根据科技部发布的《2019 年我国企业创新活动特征统计分析》显示，77.1% 和 75.1% 的企业家分别认为员工对企业的认同感和高素质的人才是影响创新成功的主要因素，29.5% 的企业家认为"缺乏人才或人才流失"是企业创新的主要障碍。高新技术企业是技术密集和知识密集型企业，要持续进行技术研发和科技成果转化，因此，需要雇用大量拥有高技术人力资本的研发人才，才能拥有核心自主知识产权，才能在激烈的市场竞争中立于不败之地。

另一方面，高新技术企业认定政策会引导企业制定合理的薪酬政策以留住原有员工和吸引优秀人才加入。2016 年修订的《高新技术企业认定管理办法》规定高新技术企业从事研发和相关技术创新活动的

[①] 例如，河南省 2018 年 10 月 31 日发布的《高新技术企业倍增计划实施方案》中规定，积极开展"科技贷"业务，将高新技术企业纳入科技信贷重点支持范围。又如杭州市人民政府办公厅 2018 年 5 月 14 日印发的《杭州市高新技术企业培育三年行动计划（2018—2020 年）》的通知中规定，扩大对科技型企业担保的范围、规模和补偿力度，完善科技型企业融资周转基金政策。引导和鼓励民间资本投资支持科技型企业的创新发展。到 2020 年，力争市本级创投引导基金规模达 30 亿元、天使投资引导基金规模达 10 亿元，逐步扩大科技担保资金规模，高水平建设市海外协同创新中心。

科技人员占企业当年职工总数的比例不低于10%，同时在对企业创新能力中的研究开发组织管理水平进行评价时，企业是否建立了科技人员的培养进修、职工技能培训、优秀人力资本以及人才绩效评价奖励制度都是重要的评价内容。而且研发人才外流不仅会加大企业核心技术向竞争对手泄露的风险和降低研发项目盈利（Pakes & Nitzan，1983），还会产生较高的人才调整成本（Hall，2000）。因此，企业为了获得高新技术企业认定，必定会制定合理的薪酬政策以留住原有研发人才和吸引更多的人才加入，以达到高新技术企业认定政策要求，如姜英兵和史艺然（2018）发现大多数高新技术企业都实施了核心员工股权激励，而且核心员工工资都高于未实行股权激励的企业，能显著提高企业创新数量和质量。此外，企业通过高新技术企业认定，是政府对企业创新能力和研发管理的权威认可，企业还可以享受税收优惠及政府补贴等政府扶持政策，能够促使员工或择业人才对企业未来发展潜力和盈利能力产生良好预期，对未来福利待遇和薪酬保障更有信心，从而也有利于高新技术企业留住人才和吸引人才，增加企业劳动雇用。

此外，根据麦克莱兰（Mcclelland，1965）提出的成就需要激励理论，有成就需要的个人，敢于冒险和接受挑战，具有一种追求卓越和争取成功的内在驱动力。刘晖等（2018）发现研发人才非常追求在本专业领域中获得更多的成就和认可，具有较高的挑战精神和技术创新意识。企业创新具有高风险性、长周期性、高失败率和正外部性等特征（Arrow，1962；Stiglitz，1989），但外部研发人才无法完全知晓企业内部研发信息，难以识别真正能够满足其成就需求的企业。根据经典的搜索匹配模型显示，在外界条件一定的情况下，正是由于人才与企业之间的相互搜寻成本一定程度上决定了失业、人才稀缺及均衡工资水平（Mortensen & Pissarides，1994）。而企业获得高新技术企业认定，是政府对企业创新能力的权威认可，可以向外部研发人才传递有关企业研发管理和创新绩效方面的信息，可以降低外部研发人才信息搜索成本。同时，根据声誉理论，企业获得高新技术企业认定可以在市场上给企业带来良好声誉，是企业拥有的一种重要的战略资源，有助于企业未来获得竞争优势（Gray & Balmer，1998；Formbrun & Shanley，1990），可以增强员工对企业的认知和荣誉感，也有利于企业在劳动力市场上吸引优秀研发人才加入。孟令熙（2012）发现除了收入及研发文化外等因素外，研发人才择业最看重的是高新技术企业的社会声誉。因此政府通过高新技术企业认定手段为企业和研发人才之间搭建了一个信息传递媒介，为企业雇用研发人才和研发人才择业提供了便利。此外，2020年4月，科技部引智司与火炬中心共同开通了"企业技术需求与科技人才信息交互服务平台"，以科技型中小企业和高新技术企业为重点，利用网络信息技术将科技人才、创新团队专业方向与企业技术创新需求进行匹配和对应推送，可以更精准地解决科研人员与企业创新需求之间的信息不对称问题。

基于以上分析，本书提出以下研究假设：

假设3d：高新技术企业认定可以通过人力资本促进企业创新。

第三节 数据来源与模型设计

一、数据来源

如上所述，本书采用2008～2020年沪深A股上市公司作为初始样本，并剔除金融类公司和ST公司。经过处理后一共有4353家公司，39372个年度观测值。同时，本书从上市公司历年年报与公告中手工查找了有关获得高新技术企业认定和税收优惠的信息，并与高新技术企业认定管理工作网上各地方公示文件进行比对，以确定当年该上市公司是否在高新技术企业有效期内，并统计了2008～2020年上市公司累计获得认定次数，其中，在高新技术企业有效期内的样本观测值有14768个，占比37.57%，非高新技术企业样本观测值有24543个，占比62.43%。此外，为剔除异常值对回归结果产生的影响，对除虚拟变量外的所有连续变量进行上下1%的缩尾处理。本书有关企业特征和财务数据来源于Wind数据库和CSMAR数据库，并从上市公司年报中手工补充了研发投入等相关缺失数据。

同时，本书从各地方科技部门官网上手工收集了发布的高新技术企业倍增计划及相关文件信息，以检验一个地区有无发布高新技术企业倍增计划对高新技术企业认定和企业创新的影响是否存在差异，2016 年后有 11 个省市专门发布了高新技术企业倍增计划，发布省市和发布时间分别是：辽宁（2017）、重庆（2017）、青海（2017）、宁夏（2017）、河北（2018）、黑龙江（2018）、河南（2018）、广东（2018）、天津（2019）、云南（2020）、甘肃（2020）。其他 20 个省（区、市）未发布（其中，四川于 2021 年发布）。

二、模型设计

本书借鉴杨国超和芮萌（2020）、王兰芳等（2019）、陈等（Chen et al.，2021）的研究，构建以下回归方程对本书的研究假设进行检验：

$$Taxi_{it} = \alpha + \beta_1 Identification_{it} + \beta'_2 X_{it} + IND_{it} + Year_i + \varepsilon_{it} \tag{6-1}$$

$$RDI_{it} = \alpha + \beta_1 Identification_{it} + \beta_2 Taxi_{it} + \beta'_3 X_{it} + IND_{it} + Year_i + \varepsilon_{it} \tag{6-2}$$

$$Patent_{it} = \alpha + \beta_1 Identification_{it} + \beta_2 Taxi_{it} + \beta'_3 X_{it} + IND_{it} + Year_i + \varepsilon_{it} \tag{6-3}$$

$$Subsidies_{it} = \alpha + \beta_1 Identification_{it} + \beta'_2 X_{it} + IND_{it} + Year_i + \varepsilon_{it} \tag{6-4}$$

$$RDI_{it} = \alpha + \beta_1 Identification_{it} + \beta_2 Subsidies_{it} + \beta'_3 X_{it} + IND_{it} + Year_i + \varepsilon_{it} \tag{6-5}$$

$$Patent_{it} = \alpha + \beta_1 Identification_{it} + \beta_2 Subsidies_{it} + \beta'_3 X_{it} + IND_{it} + Year_i + \varepsilon_{it} \tag{6-6}$$

$$Sloan_{it}(Lloan_{it}) = \alpha + \beta_1 Identification_{it} + \beta'_2 X_{it} + IND_{it} + Year_i + \varepsilon_{it} \tag{6-7}$$

$$RDI_{it} = \alpha + \beta_1 Identification_{it} + \beta_2 Sloan_{it}(Lloan_{it}) + \beta'_3 X_{it} + IND_{it} + Year_i + \varepsilon_{it} \tag{6-8}$$

$$Patent_{it} = \alpha + \beta_1 Identification_{it} + \beta_2 Sloan_{it}(Lloan_{it}) + \beta'_3 X_{it} + IND_{it} + Year_i + \varepsilon_{it} \tag{6-9}$$

$$RDTalent_{it} = \alpha + \beta_1 Identification_{it} + \beta'_2 X_{it} + IND_{it} + Year_i + \varepsilon_{it}$$

$$(6-10)$$

$$RDI_{it} = \alpha + \beta_1 Identification_{it} + \beta_2 RDTalent_{it} + \beta'_3 X_{it}$$
$$+ IND_{it} + Year_i + \varepsilon_{it} \qquad (6-11)$$

$$Patent_{it} = \alpha + \beta_1 Identification_{it} + \beta_2 RDTalent_{it} + \beta'_3 X_{it}$$
$$+ IND_{it} + Year_i + \varepsilon_{it} \qquad (6-12)$$

其中，i 表示上市公司，$i = 1$，2，3，$\cdots$，293；t 表示年度，$t = $ 2008，2009，$\cdots$，2020。IND_{it} 表示行业固定效应，$Year_i$ 表示时间固定效应，ε_{it} 表示标准残差项。

式（6-5）~式（6-12）中，RDI_{it} 表示企业创新投入，$Patent_{it}$ 表示企业创新产出，$Identification_{it}$ 表示高新技术企业认定，X_{it} 是控制变量构成的向量，含义都同第 5 章相同，不再赘述。

式（6-1）、式（6-4）、式（6-7）和式（6-10）中，$Identification_{it}$ 是解释变量，被解释变量分别是 $Taxi_{it}$、$Subsidies_{it}$、$Sloan_{it}(Lloan_{it})$ 和 $RDTalent_{it}$，其中，$Taxi_{it}$ 表示税收优惠，用纳税总额与营业收入的比例表示，预期 β_1 为负，即高新技术企业认定给企业带来了税收优惠，减少了企业税收负担；$Subsidies_{it}$ 表示政府补贴，用政府补贴取对数表示，预期 β_1 为正，即高新技术企业认定给企业带来了政府补贴；$Sloan_{it}(Lloan_{it})$ 表示短期借款（长期借款），用短期借款（长期借款）占总资产比例表示，预期 β_1 为正（不显著），即高新技术企业认定给企业带来了短期借款，对长期借款无显著影响；$RDTalent_{it}$ 表示人力资本，用研发人员占全部员工总数的比例表示，预期 β_1 为正，即高新技术企业认定促进了企业研发人员增加。

式（6-2）中，被解释变量是 RDI_{it}，同时加入 $Identification_{it}$ 和 $Taxi_{it}$，检验高新技术企业认定通过税收优惠机制对企业创新投入的影响，预期 β_1 不显著或相对于表 5-2 中系数变小，则说明高新技术企业认定通过税收优惠机制促进了企业创新投入增加。

式（6-3）中，被解释变量是 $Patent_{it}$，同时加入 $Identification_{it}$ 和 $Taxi_{it}$，检验高新技术企业认定通过税收优惠机制对企业创新产出的影响，预期 β_1 不显著或相对于表 5-2 中系数变小，则说明高新技术企业认定通过税收优惠机制促进了企业创新产出增加。

式（6-5）中，被解释变量是 RDI_{it}，同时加入 $Identification_{it}$ 和 $Subsidies_{it}$，检验高新技术企业认定通过政府补贴机制对企业创新投入的影响，预期 β_1 不显著或相对于表5-2中系数变小，则说明高新技术企业认定通过政府补贴机制促进了企业创新投入增加。

式（6-6）中，被解释变量是 $Patent_{it}$，同时加入 $Identification_{it}$ 和 $Subsidies_{it}$，检验高新技术企业认定通过政府补贴机制对企业创新产出的影响，预期 β_1 不显著或相对于表5-2中系数变小，则说明高新技术企业认定通过政府补贴机制促进了企业创新产出增加。

式（6-8）中，被解释变量是 RDI_{it}，同时加入 $Identification_{it}$ 和 $Sloan_{it}(Lloan_{it})$，检验高新技术企业认定通过银行贷款机制对企业创新投入的影响，预期 β_1 不显著或相对于表5-2中系数变小，则说明高新技术企业认定通过银行贷款机制促进了企业创新投入增加。

式（6-9）中，被解释变量是 $Patent_{it}$，同时加入 $Identification_{it}$ 和 $Sloan_{it}(Lloan_{it})$，检验高新技术企业认定通过税收优惠机制对企业创新产出的影响，预期 β_1 不显著或相对于表5-2中系数变小，则说明高新技术企业认定通过银行贷款机制促进了企业创新产出增加。

式（6-11）中，被解释变量是 RDI_{it}，同时加入 $Identification_{it}$ 和 $RDTalent_{it}$，检验高新技术企业认定通过人力资本机制对企业创新投入的影响，预期 β_1 不显著或相对于表5-2中系数变小，则说明高新技术企业认定通过人力资本机制促进了企业创新投入增加。

式（6-12）中，被解释变量是 $Patent_{it}$，同时加入 $Identification_{it}$ 和 $RDTalent_{it}$，检验高新技术企业认定通过人力资本机制对企业创新产出的影响，预期 β_1 不显著或相对于表5-2中系数变小，则说明高新技术企业认定通过人力资本机制促进了企业创新产出增加。

第四节　实证研究结果与分析

一、税收优惠

表6-1列示了高新技术企业认定通过税收优惠机制影响企业创

新的检验结果。第（1）列显示被解释变量是滞后一期的 *Taxi*，第（2）列和第（3）列分别显示被解释变量是滞后一期的 *RDI* 和 *Patent*，并同时控制了行业固定效应和年度固定效应的检验结果。从表6-1可以看出，第（1）列中 *Identification* 的系数在5%的水平上显著为负，说明高新技术企业认定能够显著减少企业税收负担，即增加了企业税收优惠，第（2）列和第（3）列中 *Identification* 的系数都不显著，说明高新技术企业认定通过增加税收优惠机制促进了企业创新投入和创新产出增加，支持假设3a。检验结果意味着，税收优惠的确是高新技术企业认定促进企业创新的影响机制，表明以减轻税收负担为工具的高新技术企业认定政策的确节约了企业自有现金流量，弥补了企业创新资源，降低了企业创新成本，发挥了引导企业创新的作用。

表 6-1　　　　　高新技术企业认定、税收优惠与企业创新

变量	(1)	(2)	(3)
	F. Taxi	F. RDI	F. Patent
Identification	-0.0355 ** (-2.0470)	0.1342 (0.5519)	3.4989 (0.9255)
F. Taxi		-0.0262 (-0.8744)	-1.5721 ** (-2.4106)
Size	0.0414 (1.0760)	-0.0449 (-0.1977)	3.0252 (0.6709)
Age	-0.0067 (-0.8510)	0.1095 *** (4.3663)	-3.4287 (-0.4895)
ROE	0.1081 (0.5223)	0.6189 (0.4487)	35.4826 (0.9145)
Cash	0.0330 (0.7846)	-0.0952 (-1.2607)	4.0336 (1.4504)
Lev	0.0999 (0.9704)	-1.0699 * (-1.7315)	16.5109 (1.3301)
Naps	-0.0014 (-0.3005)	0.0036 (0.0859)	-1.0356 (-1.1767)

续表

变量	(1)	(2)	(3)
	F. Taxi	F. RDI	F. Patent
Mfee	−0.0085 (−0.7856)	0.2947* (1.8578)	9.2889 (0.9613)
Tagr	0.0247 (0.3872)	0.2619 (0.8028)	2.0274 (0.6150)
Soi	0.1649 (0.9294)	0.0727 (0.5438)	4.0454 (0.6840)
行业	控制	控制	控制
年度	控制	控制	控制
_cons	−0.2842 (−1.2249)	1.8451 (0.9925)	12.3929 (0.1527)
N	3279	2061	1891
R^2	0.0050	0.0423	0.0370
F	1.64*	4.83***	3.12***

注：括号内为双尾检验的 t 值。*、** 和 *** 分别表示在 10%、5% 和 1% 的水平上显著。
资料来源：作者根据 CSMAR 数据库等上市公司样本数据利用 Stata16 软件整理而得。

二、政府补贴

表 6-2 列示了高新技术企业认定通过政府补贴机制影响企业创新的检验结果。第（1）列显示被解释变量是滞后一期的 Subsidies，第（2）列和第（3）列分别显示被解释变量是滞后一期的 RDI 和 Patent，并同时控制了行业固定效应和年度固定效应的检验结果。从表 6-2 可以看出，第（1）列中 Identification 的系数在 10% 的水平上显著为正，说明高新技术企业认定能够显著增加企业政府补贴，第（2）列和第（3）列中 Identification 的系数都不显著，说明高新技术企业认定通过增加政府补贴机制促进了企业创新投入和创新产出增加，支持假设 3b。检验结果意味着，政府补贴的确是高新技术企业认定促进企业创新的影响机制，表明高新技术企业认定带来的各种奖励和补贴的确弥

补了企业创新资源，降低了企业创新风险，发挥了引导企业创新的作用。

表 6 - 2　　　　　高新技术企业认定、政府补贴与企业创新

变量	(1)	(2)	(3)
	F. Subsidies	F. RDI	F. Patent
Identification	0.1209 * (1.6730)	0.1286 (0.8955)	-0.6343 (-0.4720)
F. Subsidies		-0.0097 (-0.6528)	0.4910 *** (2.6077)
Size	0.5973 *** (13.0020)	0.1519 (1.6237)	1.9151 (1.5080)
Age	-0.0507 (-0.8537)	-0.0326 (-0.3562)	1.3463 (0.4566)
ROE	0.4411 (0.6686)	0.1048 (0.0964)	10.3770 (0.7950)
Cash	-0.0397 (-0.9114)	-0.0804 (-1.1398)	-0.0890 (-0.0769)
Lev	0.2644 * (1.6603)	-0.6586 * (-1.9553)	1.7335 (0.4363)
Naps	-0.0206 ** (-2.1215)	0.0597 *** (3.7382)	0.3319 (1.3712)
Mfee	0.0617 (1.0092)	0.2459 (0.8428)	3.4817 * (1.6942)
Tagr	0.0619 * (1.6698)	-0.0127 (-0.1735)	1.4489 (1.4011)
Soi	0.1229 ** (2.0793)	0.0747 (0.8310)	2.3017 (1.4915)
行业	控制	控制	控制
年度	控制	控制	控制
_ cons	10.3323 *** (14.7300)	3.0265 ** (2.3833)	-28.8812 (-0.8666)

续表

变量	(1)	(2)	(3)
	F. Subsidies	F. RDI	F. Patent
N	20666	13253	11610
R^2	0.0762	0.0315	0.0213
F	43.59 ***	8.22 ***	5.83 ***

注：括号内为双尾检验的 t 值。*、** 和 *** 分别表示在 10% 、5% 和 1% 的水平上显著。
资料来源：作者根据 CSMAR 数据库等上市公司样本数据利用 Stata16 软件整理而得。

三、银行贷款

表 6 – 3 和表 6 – 4 分别列示了高新技术企业认定通过短期借款机制和长期借款机制影响企业创新的检验结果。第（1）列分别显示被解释变量是滞后一期的 Sloan（Lloan），第（2）列和第（3）列分别显示被解释变量是滞后一期的 RDI 和 Patent，并同时控制了行业固定效应和年度固定效应的检验结果。从表 6 – 3 可以看出，第（1）列中 Identification 的系数在 5% 的水平上显著为正，说明高新技术企业认定能够显著增加企业短期借款，第（2）列和第（3）列中 Identification 的系数都不显著，说明高新技术企业认定通过增加短期借款机制促进了企业创新投入和创新产出增加，支持假设 3c。表 6 – 4 可以看出，第（1）列中 Identification 的系数不显著，说明高新技术企业认定对企业长期借款没有显著影响。检验结果意味着，银行贷款的确是高新技术企业认定促进企业创新的影响机制，但只限于短期借款，表明高新技术企业认定带来的短期借款发挥了引导企业创新的作用。可能的原因是，高新技术企业认定是对企业创新能力的一种证明，有利于降低企业与银行之间的信息不对称，但由于创新失败风险较高，在政府"科技贷"等金融扶持科技创新的政策引导下，银行考虑自身信贷安全，仅给予高新技术企业短期借款，而对于期限较长的长期借款则比较谨慎，因此高新技术企业认定仅给企业带来了短期借款增加而对长期借款则作用不显著，短期借款弥补了企业短期创新资源不足，也促进了企业创新投入和创新产出的增加。

表 6 – 3 高新技术企业认定、短期借款与企业创新

变量	(1)	(2)	(3)
	F. Sloan	F. RDI	F. Patent
Identification	0.0085 ** (2.3070)	0.1792 (1.4061)	0.0760 (0.0615)
F. Sloan		0.3725 (0.8404)	– 6.2886 (– 1.4168)
Size	0.0007 (0.3066)	0.1801 ** (2.1014)	1.8878 (1.5218)
Age	0.0033 (1.0566)	0.0515 (0.6381)	2.0392 (0.7588)
ROE	– 0.1903 *** (– 5.8747)	0.2865 (0.2529)	9.9379 (0.8399)
Cash	– 0.0083 *** (– 4.5755)	– 0.0846 (– 1.5486)	– 0.4403 (– 0.4040)
Lev	0.1513 *** (18.1436)	– 0.8657 *** (– 2.7881)	0.7512 (0.1917)
Naps	– 0.0009 ** (– 2.2768)	0.0565 *** (3.8981)	0.2365 (0.9368)
Mfee	– 0.0007 (– 0.2188)	0.1747 (0.5560)	3.0190 (1.5086)
Tagr	– 0.0070 *** (– 5.4977)	– 0.0264 (– 0.4019)	1.7131 * (1.7745)
Soi	– 0.0022 (– 1.0350)	0.0529 (0.6719)	2.4776 (1.5650)
行业	控制	控制	控制
年度	控制	控制	控制
_ cons	0.0741 ** (1.9954)	3.3634 * (1.8201)	– 27.7903 (– 0.8992)
N	25469	16296	12412
R^2	0.1259	0.0389	0.0197
F	33.29 ***	9.73 ***	6.12 ***

注：括号内为双尾检验的 t 值。*、** 和 *** 分别表示在 10%、5% 和 1% 的水平上显著。

资料来源：作者根据 CSMAR 数据库等上市公司样本数据利用 Stata16 软件整理而得。

表6－4　　　　　　　高新技术企业认定、长期借款与企业创新

变量	(1)	(2)	(3)
	F. Lloan	*F. RDI*	*F. Patent*
Identification	−0.0018 (−0.7241)	0.1867 (1.4627)	0.0560 (0.0454)
F. Lloan		−1.0682* (−1.9500)	−9.1923 (−1.2936)
Size	0.0224*** (13.0345)	0.2008** (2.3321)	2.0884* (1.6661)
Age	−0.0071*** (−3.5837)	0.0460 (0.5727)	1.9433 (0.7234)
ROE	−0.0656*** (−3.0141)	0.1467 (0.1332)	10.4607 (0.8823)
Cash	−0.0047*** (−3.8346)	−0.0907* (−1.6612)	−0.4046 (−0.3723)
Lev	0.0525*** (8.7012)	−0.7632** (−2.4076)	0.2405 (0.0616)
Naps	−0.0012*** (−3.6661)	0.0553*** (3.8247)	0.2311 (0.9129)
Mfee	0.0013 (0.5317)	0.1790 (0.5711)	3.0590 (1.5247)
Tagr	0.0065*** (5.7568)	−0.0259 (−0.3953)	1.7938* (1.8535)
Soi	−0.0025 (−1.6249)	0.0492 (0.6257)	2.4782 (1.5597)
行业	控制	控制	控制
年度	控制	控制	控制
_cons	−0.0543** (−2.2087)	3.3603* (1.8238)	−28.5843 (−0.9218)
N	25469	16296	12412
R^2	0.0747	0.0393	0.0197
F	21.27***	9.65***	6.12***

注：括号内为双尾检验的 *t* 值。* 、** 和*** 分别表示在10%、5%和1%的水平上显著。
资料来源：作者根据 CSMAR 数据库等上市公司样本数据利用 Stata16 软件整理而得。

四、人力资本

表 6 - 5 列示了高新技术企业认定通过人力资本机制影响企业创新的检验结果。第（1）列显示被解释变量是滞后一期的 *RDTalent*，第（2）列和第（3）列分别显示被解释变量是滞后一期的 *RDI* 和 *Patent*，并同时控制了行业固定效应和年度固定效应的检验结果。从表 6 - 5 可以看出，第（1）列中 *Identification* 的系数在 1% 的水平上显著为正，说明高新技术企业认定能够显著增加企业研发人才，第（2）列和第（3）列中 *Identification* 的系数都不显著，说明高新技术企业认定通过增加人力资本机制促进了企业创新投入和创新产出增加，支持假设 3d。检验结果意味着，人力资本的确是高新技术企业认定促进企业创新的影响机制，表明高新技术企业认定发挥了较好的信号传递作用，有助于吸引研发人才加入企业，优化了企业劳动力结构，从而发挥了引导企业创新的作用。

表 6 - 5　　　　　高新技术企业认定、人力资本与企业创新

变量	（1）	（2）	（3）
	F. RDTalent	*F. RDI*	*F. Patent*
Identification	1. 3831 *** (2. 7349)	0. 0327 (0. 1624)	− 2. 1357 (− 0. 7527)
F. RDTalent		0. 0704 *** (6. 9167)	− 0. 1882 ** (− 2. 0778)
Size	0. 3953 (1. 4929)	0. 2961 *** (3. 1127)	0. 5874 (0. 2356)
Age	− 0. 3455 (− 1. 2583)	0. 1174 (1. 6265)	4. 1252 (0. 4966)
ROE	4. 8053 (1. 4363)	− 0. 7719 (− 0. 6469)	44. 6640 * (1. 7197)
Cash	0. 1804 (0. 9613)	− 0. 1458 ** (− 2. 1838)	− 0. 1023 (− 0. 0420)
Lev	− 2. 0107 ** (− 2. 4864)	− 0. 5298 (− 1. 3897)	6. 8595 (1. 0585)

续表

变量	（1）	（2）	（3）
	F. RDTalent	F. RDI	F. Patent
Naps	0.0236 （0.5045）	0.0530 *** （3.0537）	0.0248 （0.0629）
Mfee	1.7739 ** （2.1924）	0.5941 （1.1496）	1.1813 （0.5297）
Tagr	-0.0934 （-0.5843）	-0.1032 （-1.5117）	2.1299 （1.3596）
Soi	0.4961 ** （2.1691）	0.0453 （0.5592）	5.0324 ** （1.9695）
行业	控制	控制	控制
年度	控制	控制	控制
_cons	17.9633 *** （3.0341）	-1.3640 （-1.4625）	-43.1793 （-0.5170）
N	13615	13531	5312
R^2	0.0314	0.0579	0.0308
F	6.74 ***	16.15 ***	6.58 ***

注：括号内为双尾检验的 t 值。*、** 和 *** 分别表示在 10%、5% 和 1% 的水平上显著。
资料来源：作者根据 CSMAR 数据库等上市公司样本数据利用 Stata16 软件整理而得。

第五节　进一步分析：认定次数的影响

通过前文的实证分析可以发现，上市公司通过高新技术企业认定后，创新投入和创新产出都显著增加，这主要是由于高新技术企业认定减轻了企业税收负担、增加了政府补贴、短期借款和研发人才，补充了企业创新资源，从而激励了企业创新。由于高新技术企业认定是 3 年有效期，3 年后需要重新认定，因此上市公司在 2008～2020 年可以获得 1～5 次认定，本书要进一步分析认定次数如何影响了高新技术企业认定对企业创新的作用。

本书主要从以下两个方面论述认定次数对高新技术企业认定对企业创新作用的影响。

第一，企业能够多次获得高新技术企业认定，说明企业能够满足高新技术企业认定条件和监督管理要求。2016年认定办法中对企业创新能力的评价指标包括知识产权、科技成果转化能力、研究开发组织管理水平和企业成长性四项指标。

首先，知识产权方面，如果有自主研发的知识产权和Ⅰ类发明专利则评分较高，且Ⅱ类知识产权在申请认定时仅能用一次，即在未来再次申请时，企业除了可以继续使用原有的Ⅰ类发明专利外，需要再行开发和获得授权新的发明专利或实用新型和外观设计专利，考虑到专利申请和授权的时间周期，这就要求企业要持续地进行研发投入和专利开发活动，才能满足高新技术企业认定条件，继续享受税收优惠及其他优惠政策。因此认定次数越多的企业，自主知识产权和发明专利也会越多。

其次，科技成果转化能力方面，按成果转化项数1项6分计分，包括企业自行投资实施转化，向他人转让或许可他人使用该技术成果，以该科技成果作为合作条件作价投资、折算股份或者出资比例等多种形式，由技术专家按近3年内的科技成果转化的年平均数进行综合评价。这就意味着多次获得认定的企业3年内需要实现一定数量的科技成果转化，否则难以再次通过认定，这就促使企业不断加大创新投入和产出，开发面向市场的科技成果，才能不断提高了科技成果转化能力。

再次，研究开发组织管理水平方面，要求企业制定研究开发的组织管理制度和提供相应的科研条件，建立研发投入核算体系，编制研发费用辅助账，制定科技人才培训、绩效评价奖励制度，与国内外研究开发机构开展多种形式的产学研合作，建立科技成果转化的组织实施与奖励制度，建立开放式的创新创业平台。多次通过认定的企业就必须不断完善研发管理，建立能够调动和发挥科研人员积极性的管理制度，并且通过产学研合作带动更多的创新活动，这就意味着企业不仅要管理好自己内部的研究开发活动，还可以通过产学研合作实现各种生产要素的有效组合。

最后，企业成长性方面，涵盖净资产增长率和销售收入增长率。

净资产增长率反映了企业资本规模的扩张速度，体现了企业的发展能力和资本保值增值的情况。销售收入增长率体现了公司市场占有率的扩大，说明企业开发的产品能够满足市场需求。多次认定的企业需要在每个 3 年周期内持续实现净资产增长率和销售收入增长率达到一定指标，才可以通过高新技术企业认定。而要实现这两个指标的持续增长，就要求企业不断进行技术创新、产品创新和服务创新等，不断提高核心竞争力，才能满足持续认定的条件。

第二，认定次数体现了高新技术企业认定政策的筛选作用，即能够满足高新技术企业多次认定的企业，应该是持续开发自主知识产权、科技成果转化能力强、不断加强研发管理的和高成长性的企业。获得认定次数越多的企业，说明是具有真正创新能力的高新技术企业，通过高新技术企业认定这一筛选机制，可以帮助政府识别出真正的高新技术企业，给予税收优惠和各种优惠扶持，激励其持续增加创新投入和创新产出，不仅可以实现科技资源优化配置，而且可以培养一批在国内和国际上都具有核心竞争力的企业，实现"卡脖子"技术的突破创新，从而提高我国在国际上的科技竞争力。

为了检验认定次数对高新技术企业认定对企业创新激励效应的影响，本书利用上市公司年报和公告和高新技术企业认定管理工作网上各地方政府发布的认定公示文件，手工整理了样本公司 2008 ~ 2020 年获取认定的总次数（$Number$），并构建以下模型进行检验：

$$RDI_{it} = \alpha + \beta_1 Identification_{it} \times Number_{it} + \beta_2 Identification_{it}$$
$$+ \beta_3 Number_{it} + \beta'_4 X_{it} + IND_{it} + Year_i + \varepsilon_{it} \qquad (6-13)$$

$$Patent_{it} = \alpha + \beta_1 Identification_{it} \times Number_{it} + \beta_2 Identification_{it}$$
$$+ \beta_3 Number_{it} + \beta'_4 X_{it} + IND_{it} + Year_i + \varepsilon_{it} \qquad (6-14)$$

除 $Number$ 表示高新技术企业认定次数外，所有变量含义同前面章节，不再赘述。$Number$ 取值为 1 ~ 5，为当年上市公司被认定为高新技术企业时的累计认定次数，由于从 2008 年以来，高新技术企业 3 年到期后，需要重新认定，因此从 2008 ~ 2020 年，最低认定次数为 1 次，最高认定次数为 5 次。

表 6 - 6 列示了认定次数对高新技术企业认定的企业创新效应的影

响的检验结果。第（1）列显示被解释变量是滞后一期的 *RDI*，第（2）列显示被解释变量是滞后一期的 *Patent*，并同时控制了行业固定效应和年度固定效应的检验结果。从表6-6可以看出，第（2）列中 *Identification* × *Number* 的系数在5%的水平上显著为正，说明认定次数越多的上市公司，通过高新技术企业认定能够显著促进企业增加创新产出，第（1）列中 *Identification* × *Number* 的系数不显著，说明认定次数越多的上市公司，通过高新技术企业认定对企业创新投入影响越不显著。检验结果说明，认定次数多的企业，通过高新技术企业认定后的确增加了企业创新产出，但并没有显著增加研发投入，说明认定次数多的企业提高了创新效率，即以较低的研发投入获得了更多的创新产出。检验结果意味着，持续实施的高新技术企业认定政策在长期内有助于提高企业创新效率。

表6-6　　　　　高新技术企业认定、认定次数与企业创新

变量	（1）	（2）
	F. RDI	*F. Patent*
Identification × *Number*	-0.0168 （-1.3543）	0.8497 ** （2.4853）
Identification	0.1454 （1.0588）	-0.8539 （-0.7151）
Number	0.0000	0.0000
Size	0.1762 ** （2.0170）	2.3398 ** （2.0330）
Age	-0.0275 （-0.2767）	1.1332 （0.4202）
ROE	-0.0259 （-0.0232）	11.6951 （1.0347）
Cash	-0.1194 ** （-2.1970）	-0.3868 （-0.3715）

续表

变量	(1)	(2)
	F. RDI	*F. Patent*
Lev	− 0. 9177 *** (− 2. 9067)	− 0. 4423 (− 0. 1198)
Naps	0. 0541 *** (3. 6382)	0. 1952 (0. 8717)
Mfee	0. 2313 (0. 7405)	2. 6630 (1. 4089)
Tagr	− 0. 0593 (− 0. 9236)	1. 5839 * (1. 7242)
Soi	0. 0529 (0. 6708)	2. 4513 * (1. 7000)
行业	控制	控制
年度	控制	控制
_ *cons*	4. 0661 ** (2. 2011)	− 21. 9418 (− 0. 7223)
N	18388	13646
R^2	0. 0328	0. 0210
F	9. 12	7. 06 **

注：括号内为双尾检验的 *t* 值。*、** 和 *** 分别表示在 10% 、5% 和 1% 的水平上显著。
Number 由于与交乘项存在共线性而自动忽略。

资料来源：作者根据 CSMAR 数据库等上市公司样本数据利用 Stata16 软件整理而得。

第六节 小结

本章检验高新技术企业认定对企业创新的影响机制。以 2008 ~ 2020 年沪深 A 股高新技术上市公司为样本，采用多元回归分析方法，检验结果发现，高新技术企业认定通过降低企业税收负担、增加政府补贴、增加短期借款和高技能人力资本，促进了企业创新。进一步检验发现，获得高新技术企业认定次数更多的企业，高新技术企业认定对企业创新投入和创新产出的促进作用更加显著。

　　本章的检验结果意味着，高新技术企业认定政策不仅给企业带来了税收优惠，降低了企业税收负担，节约了企业自有现金流量，还可以给企业带来政府补贴、银行贷款和人力资本等创新资源，降低了企业创新成本，从而有效引导了企业创新。

　　本章的政策建议如下。第一，继续实施高新技术企业税收优惠政策。加大对高新技术企业的税收优惠力度，并且加强税收优惠政策宣传，以使更多的中小企业能够享受税收优惠，从而可以引导更多企业创新。第二，加大对高新技术企业补贴力度，通过培育和认定奖励补贴、研发费用补贴等方式，激励企业加大创新投入。第三，加大金融对科技的扶持力度，推广专利抵押方式帮助企业获得长期借款和更多的授信额度，降低企业信贷成本，以补充企业创新资源，引导企业创新。第四，不断改进高新技术企业研发人才绩效考核制度。根据《国务院办公厅关于抓好赋予科研机构和人员更大自主权有关文件贯彻落实工作的通知》的要求，对科技成果的主要完成人或重要贡献者，给予现金、股份或出资比例等奖励。给予科研人才宽松的工作环境，从而留住和吸引人才，不断提高企业创新水平和核心竞争力。

第七章

高新技术企业认定企业
创新效应的经济后果

第一节　引言

如上所述，高新技术企业认定主要是通过减少企业税收负担，增加企业政府补贴、短期借款和研发人才的机制促进了企业创新，不仅增加了创新投入，还增加了创新产出，尤其在制度环境落后地区作用更显著。进一步，本书分析高新技术企业认定的企业创新效应带来了什么经济后果。

大量文献证明企业创新会影响企业绩效和市场价值。一方面，创新可以为企业创造高额垄断利润和保持持续竞争优势，可以给企业带来较高的财务绩效（Zahra & Das，1993；唐清泉等，2013；朱乃平等，2014；刘和旺等，2015），从而可以提高企业市场竞争力；另一方面，企业创新投资与股价波动性相关联，会影响企业价值（Grabowski & Mueller，1978；Pakes，1985；Lev & Sougiannis，1996；张信东等，2009）。

基于以上分析，本书主要从企业市场竞争力和企业价值两个方面分析高新技术企业认定的企业创新效应的经济后果。

第二节　理论分析与研究假设

一、高新技术企业认定、企业创新与市场竞争力

一方面，企业市场竞争力是一个企业在市场竞争中获得的优于所

处行业平均水平的特殊地位和可持续发展的能力。企业市场竞争力来源于企业持续的创新能力，先进的技术可以实现企业的超额利润和较高的市场占有率，主要体现在财务绩效的提高。如多西（Dosi，1988）指出创新是企业持续发展的动力源泉，能够为企业创造价值和改善经营业绩，但存在风险高、周期长、见效慢的特征。阿吉翁和豪伊特（Aghion & Howitt，1996）指出公司进行研发投资是为了当创新成功获得专利时，能够获得未来垄断租金，但这些租金会被新的创新所破坏，淘汰已经存在的新产品。萨拉和达斯（Zahra & Das，1993）发现公司创新战略是公司财务绩效的重要决定因素。谢小芳等（2009）发现在产品市场上，消费者认可企业的研发投入价值，高新技术行业的企业能获得较高的销售毛利率。彼得森和郑（Peterson & Jeong，2010）指出广告费用和研发费用会影响品牌价值，从而影响公司财务绩效。苑泽明等（2010）发现发明专利可以显著促进对企业后续两年的经营绩效提升。周煊等（2012）发现技术创新数量即专利越多的企业，销售收入和盈利水平也越高，而市场导向性强的技术创新比科技含量高的技术创新更能提高企业销售收入和盈利水平。唐清泉等（2013）发现创新投入高的高科技企业具有更高的毛利率和主营业务收益率。罗根和莫尔斯（Rogan & Mors，2014）研究发现，探索式创新可以提高企业对外部环境的适应能力，帮助企业探索新的市场机会，从而维持企业的长期竞争优势。朱乃平等（2014）发现企业技术创新投入显著促进了企业长期和短期财务绩效。刘和旺等（2015）发现国有企业的创新投入和创新产出都高于民营企业，但企业绩效却显著低于民营企业，认为民营企业较高的企业绩效并非来源于创新投入和创新产出，而国有企业的创新优势并没有成功转化为经济效益。刘啟仁和黄建忠（2016）发现产品创新可以给企业带来较高的市场份额。总之，诸多学者证实了创新能够显著提高企业销售收入、利润和盈利能力，从长期来看能提升企业核心竞争力并改善企业的经营业绩（周煊等，2012；汤二子和刘凤朝，2015）。

另一方面，高新技术企业认定不仅促使企业增加创新投入，还可以帮助企业有效提高企业的研发管理水平，建立研发人才绩效评价奖励制度，提高员工的创新能力，高新技术企业的核心竞争力来源于强大的智力密集性，通过自主研发和较强的吸收能力，不断开发出企业的核心自主知识产权，可以为企业在市场竞争中提供有力的技术支撑，极大地提升企业品牌形象和市场占有份额，扩大销售收入，从而提升企业核心竞争力。

二、高新技术企业认定、企业创新与企业价值

还有部分文献考察了企业创新对市场价值的影响，资本市场投资者更加关注企业创新投资带来的高成长性（Bottazzi et al.，2001），公司创新投资能够在股价波动中反映公司的特质信息（丁重和邓可斌，2012）。格里利兹（Griliches，1990）认为专利可以促进市场价值的提高，尤其在小规模企业更显著。陈等（Chan et al.，1990）、伍尔里奇和斯诺（Woolridge & Snow，1990）都发现研发投入会给股价带来较好的市场反应。切卡尼奥利（Ceccagnoli，2009）认为专利可以提高企业的资本回报率。王化成和胡国柳（2005）通过实证研究发现无形资产存量与股票价格显著相关，这说明投资者在对股票定价时考虑无形资产的价值，即无形资产信息包括研发信息具有直接价值相关性。加尔比等（Gharbi et al.，2014）发现研发投资强度与股票收益波动性之间正相关，认为研发投资导致对公司未来收益产生信息不对称，增加了公司股票风险，因此研发投资应作为解释股票收益波动的一个重要变量。

诸多学者研究了企业创新对资本市场股价的影响。有学者发现研发投资与股价超额收益相关联（Grabowski & Mueller，1978；Chan et al.，1990；Pakes，1985；Lev & Sougiannis，1996；张信东等，2009）。阿博迪和列夫（Aboody & Lev，1998）考察了 168 家软件公司后发现，每年资本化的软件开发成本与公司的股票回报率存在显著的正相关关系。谢夫奇克（Szewczyk et al.，1996）对美国上市公司发布的 252 个关于研发支出的公告进行跟踪研究发现了对股价的促进效应。王咏梅（2003）发现高科技公司的 CAR（cumulative abnormal return，CAR）与研发费用比例、股权结构、主营业务收入增长率、总资产规模及公

司经营时间等都具有显著相关性，说明投资者关注高科技公司治理、研发情况和成长性等信息。肖特里奇（Shortridge，2004）发现大公司的 R&D 投入与股价显著正相关，而小公司研发投入与股价关系不显著。李（Li，2011）发现只有在存在融资约束的公司中，研发投资才与股票回报正相关。布洛克和桑德纳（Block & Sandner，2011）发现研发投资、专利和商标权在股票市场上都具有经济价值，但投资者对专利和商标权给予更高定价。李莉等（2013）将资本化 R&D 支出划分为形成当年无形资产的 R&D 支出和形成年末开发支出的 R&D 支出，发现形成当年无形资产的 R&D 支出显著提升了公司市场价值并促进了公司经营业绩的增长，是真实信号传递；而形成年末开发支出的 R&D 支出则属于盈余管理，降低了盈余质量。还发现市场对高新技术企业的资本化 R&D 支出持肯定态度。陈等（Chan et al.，2015）发现当公司治理较好时，研发较多的公司能获得更高的股票收益。而库里姆（Currim et al.，2012）发现广告支出和研发费用在高管薪酬和股票收益之间发挥了中介效应，即通过提高高管薪酬，可以激励高管加大投入广告和研发支出，从而提高股票收益。张信东等（2009）以国家认定企业技术中心为样本，研究发现国家级企业技术中心所属单位获得了高于市场平均水平的超额收益。李诗等（2012）发现上市公司专利增加，公司市场价值也随之增加，但发明专利增加的市值远高于实用新型专利、外观专利增加的市值。而且高科技公司专利产出所带来的市值增加幅度是传统行业公司的四倍，尤其在知识产权保护水平越高的地区作用越显著。钟腾和汪昌云（2017）发现专利创新可以提高公司未来五年的市场价值。李晓霞等（2019）认为股票市场不仅认可 IPO 公司的专利数量，而且发明专利越多的公司，IPO 后的累计超额收益率越高。

也有学者认为投资者对 R&D 投入的价值存在低估的情况（Hall，1993）。谢小芳等（2009）指出市场是否认同企业的研发投入价值将会直接影响企业研发投入的动机和效果，并进而影响企业发展，发现产品市场消费者认同企业的研发投入价值，高新技术行业的企业获得了更高的财务收益；而股票市场上，投资者未显著认同企业的研发投入价值，说明我国股票市场尚未有效支持企业成为自主创新主体。而杨建君和刘刃（2009）利用事件研究法研究公司不同创新策略下股价的反应，发现当托宾 Q 值大于 1 的企业采取外部创新而托宾 Q 值小于 1 的企业采取内部创新时，股价会上升，反之则股价将下跌。姚靠华等（2013）则通过分析研发投入和研发项目进展对投资者决策的经济后果，发现投资者会对研发投入和研发项目进展作出反应，研发投入与企业未来股价波动正相关，而研发项目进展与企业未来股价波动负相关。冯梓洋等（2014）却发现自主创新能力能显著提高企业绩效，但对企业股价波动的影响较弱，认为股价波动更多地会受到行业因素和政策因素的影响。黎文靖和郑曼妮（2016）发现受到产业政策激励的公司的策略性创新，并不能带来企业价值的提高。

同时，企业获得高新技术企业认定可以向市场传递创新能力较高的信号，有利于降低投资者与企业之间的信息不对称，而且获得认定是政府对企业创新能力的权威认可，对企业来说是个利好消息。高新技术企业认定促进了企业增加创新投入和创新产出，有利于增强企业未来竞争优势，给股东创造更多的财富，因此可以提高企业的市场价值。

第三节　数据来源与模型设计

一、数据来源

如上所述，本书采用 2008～2020 年沪深 A 股上市公司作为初始样本，并剔除金融类公司和 ST 公司。经过处理后一共有 4353 家公司，39372 个年度观测值。同时，本书从上市公司历年年报与公告中手工查找了有关获得高新技术企业认定和税收优惠的信息，并与高新技术企业认定管理工作网上各地方公示文件进行比对，以确定当年该上市公司是否在高新技术企业有效期内，并统计了 2008～2020 年上市公司累计获得认定次数，其中，在高新技术企业有效期内的样本观测值有 14768 个，占比 37.57%，非高新技术企业样本观测值有 24543 个，占比 62.43%。此外，为剔除异常值对回归结果产生的影响，对除虚拟变量外的所有连续变量进行上下 1% 的缩尾处理。本书有关企业特征和财务数据来源于 Wind 数据库和 CSMAR 数据库，并从上市公司年报中手工补充了研发投入等相关缺失数据。

二、模型设计

本书借鉴杨国超和芮萌（2020）、王兰芳等（2019）、陈等（Chen et al.，2021）等的研究，构建以下回归方程对本书的研究假设进行检验：

$$Mcompet_{it} = \alpha + \beta_1 Identification_{it} \times RDI_{it} + \beta_2 Identification_{it}$$
$$+ \beta_3 RDI_{it} + \beta'_4 X_{it} + IND_{it} + Year_i + \varepsilon_{it} \qquad (7-1)$$

$$Mcompet_{it} = \alpha + \beta_1 Identification_{it} \times Patent_{it} + \beta_2 Identification_{it}$$
$$+ \beta_3 Patent_{it} + \beta'_4 X_{it} + IND_{it} + Year_i + \varepsilon_{it} \qquad (7-2)$$

$$Mvalue_{it} = \alpha + \beta_1 Identification_{it} \times RDI_{it} + \beta_2 Identification_{it}$$
$$+ \beta_3 RDI_{it} + \beta'_4 X_{it} + IND_{it} + Year_i + \varepsilon_{it} \qquad (7-3)$$

$$Mvalue_{it} = \alpha + \beta_1 Identification_{it} \times Patent_{it} + \beta_2 Identification_{it}$$
$$+ \beta_3 Patent_{it} + \beta'_4 X_{it} + IND_{it} + Year_i + \varepsilon_{it} \qquad (7-4)$$

其中，i 表示上市公司，$i=1$，2，3，$\cdots$，293；t 表示年度，$t=$ 2008，2009，$\cdots$，2020。IND_{it} 表示行业固定效应，$Year_i$ 表示时间固定效应，ε_{it} 表示标准残差项。

式（7-1）~式（7-4）中，RDI_{it} 表示企业创新投入，$Patent_{it}$ 表示企业创新产出，$Identification_{it}$ 表示高新技术企业认定，X_{it} 是控制变量构成的向量，含义都同第 5 章相同，不再赘述。

式（7-1）中，被解释变量是 $Mcompet_{it}$，表示市场竞争力，根据高新技术企业管理办法判断企业创新能力的指标设置及参考已有文献，用主营业务收入增长率衡量，即企业主营业务收入增长率越高，说明企业市场占有份额越高，市场竞争力越强。预期 $Identification_{it} \times RDI_{it}$ 的系数 β_1 为正，即高新技术企业认定通过促进企业创新投入增加，提高了企业市场竞争力。

式（7-2）中，被解释变量是 $Mcompet_{it}$，表示市场竞争力，根据高新技术企业管理办法判断企业创新能力的指标设置及参考已有文献，用主营业务收入增长率衡量，即企业主营业务收入增长率越高，说明企业市场占有份额越高，市场竞争力越强。预期 $Identification_{it} \times Patent_{it}$ 的系数 β_1 为正，即高新技术企业认定通过促进企业创新产出增加，提高了企业市场竞争力。

式（7-3）中，被解释变量是 $Mvalue_{it}$ ，表示市场价值，用托宾 Q 值衡量，即公司市场价值与资产重置成本的比例。预期 $Identification_{it} \times RDI_{it}$ 的系数 β_1 为正，即高新技术企业认定通过促进企业创新投入增加，提高了企业价值。

式（7-4）中，被解释变量是 $Mvalue_{it}$ ，表示市场价值，用托宾 Q 值衡量，即公司市场价值与资产重置成本的比例。预期 $Identification_{it} \times Patent_{it}$ 的系数 β_1 为正，即高新技术企业认定通过促进企业创新产出增加，提高了企业价值。

第四节　实证研究结果与分析

一、市场竞争力

表7-1列示了高新技术企业认定通过企业创新影响企业市场竞争力的检验结果。第（1）列显示 $F. RDI \times Identification$ 对企业市场竞争力的检验结果，第（2）列第（1）列显示 $F. Patent \times Identification$ 对企业市场竞争力的检验结果，并同时控制了行业固定效应和年度固定效应。从表7-1可以看出，第（1）列中 $F. RDI \times Identification$ 的系数在10%的水平上显著为正，说明高新技术企业认定通过促进企业增加创新投入，提高了企业市场竞争力。第（2）列中 $F. Patent \times Identification$ 的系数不显著，说明高新技术企业认定虽然促进企业增加了创新产出，但对提高企业市场竞争力作用并不显著。检验结果意味着，高新技术企业认定促进企业增加了创新投入，有助于提高企业产品的市场销售收入，提高了企业市场竞争力，但产品市场并未有效识别专利产出的增加所带来的的价值，因此对企业市场竞争力作用并不显著。

表7-1　　　　高新技术企业认定、企业创新与市场竞争力

变量	(1)	(2)
	F. Mcompet	F. Mcompet
$F. RDI \times Identification$	1. 2671 * (1. 7499)	

续表

变量	（1）	（2）
	F. Mcompet	F. Mcompet
F. Patent × Identification		0. 0202 （0. 4234）
F. RDI	− 0. 0168 （ − 0. 0315）	
F. Patent		− 0. 0027 （ − 0. 0920）
Identification	− 11. 1670 * （ − 1. 8360）	0. 3835 （0. 3317）
Size	− 16. 6752 ** （ − 2. 4964）	− 10. 2773 ** （ − 2. 5461）
Age	0. 9995 （0. 4301）	0. 9914 （0. 5925）
ROE	− 9. 4891 （ − 0. 1369）	46. 3760 ** （2. 0373）
Cash	− 9. 6797 ** （ − 2. 0385）	0. 4423 （0. 2475）
Lev	− 25. 1844 * （ − 1. 6683）	− 11. 4656 * （ − 1. 7068）
Naps	0. 1190 （0. 3215）	− 0. 4064 （ − 1. 1680）
Mfee	2. 8508 （0. 4259）	− 36. 7391 ** （ − 2. 4441）
Tagr	1. 8456 （0. 7906）	− 4. 6771 * （ − 1. 7321）
Soi	5. 0675 （1. 4026）	1. 6112 （0. 8380）
行业	控制	控制
年度	控制	控制

变量	(1)	(2)
	F. Mcompet	F. Mcompet
_ cons	129.9279 * (1.9195)	72.6642 ** (2.1455)
N	695	765
R^2	0.6295	0.6116
F	7.18 ***	0.55

注：括号内为双尾检验的 t 值。*、** 和 *** 分别表示在 10%、5% 和 1% 的水平上显著。
资料来源：作者根据 CSMAR 数据库等上市公司样本数据利用 Stata16 软件整理而得。

二、市场价值

表 7 - 2 列示了高新技术企业认定通过企业创新影响企业市场价值的检验结果。第（1）列显示 F. RDI × Identification 对企业市场价值的检验结果，第（2）列第（1）列显示 F. Patent × Identification 对企业市场价值的检验结果，并同时控制了行业固定效应和年度固定效应。从表 7 - 2 可以看出，第（1）列中 F. RDI × Identification 的系数在 10% 的水平上显著为正，说明高新技术企业认定通过促进企业增加创新投入，提高了企业市场价值。第（2）列中 F. Patent × Identification 的系数不显著，说明高新技术企业认定虽然促进企业增加了创新产出，但对提高企业市场价值作用并不显著。检验结果意味着，高新技术企业认定促进企业增加了创新投入，投资者认可高新技术企业创新投入对企业未来竞争优势的作用，因此提高了企业市场价值，但投资者并未认可专利产出的增加所带来的的价值，因此对企业市场价值作用并不显著。

表 7 - 2　　　　　高新技术企业认定、企业创新与市场价值

变量	(1)	(2)
	F. Mvalue	F. Mvalue
F. RDI × Identification	24.3009 * (1.7703)	
F. Patent × Identification		0.5298 (0.3455)

续表

变量	（1）	（2）
	F. Mvalue	F. Mvalue
F. RDI	15. 4120 * （1. 7116）	
F. Patent		− 0. 3967 （ − 0. 7049）
Identification	− 34. 7350 （ − 0. 5222）	− 2. 8 × 10^2 （ − 0. 8839）
Size	16. 3194 （0. 3436）	− 2. 5 × 10^2 ** （ − 2. 0784）
Age	− 47. 8069 （ − 1. 3428）	− 13. 4105 （ − 0. 2177）
ROE	− 3. 7 × 10^3 （ − 1. 0256）	1. 5 × 10^3 （0. 6917）
Cash	42. 8493 （0. 5423）	89. 7918 （0. 6902）
Lev	− 7. 6431 （ − 0. 0493）	617. 5930 ** （2. 5536）
Naps	− 5. 7451 （ − 1. 2986）	46. 3081 *** （2. 6267）
Mfee	− 2. 1 × 10^2 （ − 1. 2209）	85. 0571 （0. 5361）
Tagr	− 1. 1 × 10^2 * （ − 1. 7475）	− 53. 9581 （ − 0. 8438）
Soi	18. 2110 （0. 4738）	− 75. 4399 （ − 1. 4607）
行业	控制	控制
年度	控制	控制
_ cons	866. 6058 *** （2. 9545）	3. 9 × 10^3 *** （3. 4344）
N	12313	9432
R^2	0. 0028	0. 0206
F	13. 61 ***	7. 73 ***

注：括号内为双尾检验的 t 值。*、** 和 *** 分别表示在 10% 、5% 和 1% 的水平上显著。
资料来源：作者根据 CSMAR 数据库等上市公司样本数据利用 Stata16 软件整理而得。

第五节　小结

　　本章在高新技术企业认定通过税收优惠、政府补贴、银行借款和人力资本促进了企业创新的基础上，进一步检验了高新技术企业认定的企业创新效应的经济后果。研究发现，高新技术企业认定促进了企业创新，并进一步提升了企业市场竞争力，还提高了企业价值。本章研究结果意味着，高新技术企业认定不仅有利于促进企业创新，还有利于提高企业市场地位和投资者对企业的认可度。

第八章

研究结论与政策建议

第一节　研究结论

高新技术企业是科技创新和实现新旧动能转化的主力军，是高质量发展的主要动力源，是国家实施创新驱动发展战略的重要抓手。本书首先对政府扶持企业创新的政策和工具、高新技术企业认定政策的研究、企业创新的影响因素及干部考核这四类文献进行了回顾和梳理，其次对 1991 年、1996 年、2000 年、2008 年和 2016 年高新技术企业认定政策演进历程进行了整理。本书以高新技术企业认定政策为研究对象，分别以 2008～2020 年沪深 A 股高新技术上市公司和发布高新技术企业倍增计划的省份辖区城市为样本，采用双重差分方法和多元回归分析方法，主要研究了高新技术企业认定对企业创新的影响及经济后果，主要研究结论有以下四点。

一、高新技术企业认定政策逐渐规范和完善

主要体现在认定标准逐步明确，认定管理机构职责更加分明，税收优惠力度逐步加大，认定程序更加规范，认定监督管理逐步增强。

二、高新技术企业认定显著促进了企业创新增加

本书研究发现，高新技术企业认定不仅促进了企业创新投入增加，还促进了企业专利产出增加。进一步检验发现，在市场化水平较低、

非国有经济发展水平较低、要素市场发育水平较低和中介组织发育水平较低的地区，高新技术企业认定对企业创新投入和创新产出的促进作用更加显著。本书还进行了一系列稳健性检验，如按企业产权性质分组、按企业规模分组、按融资约束程度分组、按公司治理水平分组和按公司透明度分组等，检验结果依然保持稳健。检验结果意味着，高新技术企业认定政策发挥了引导企业创新的作用，尤其在制度环境落后地区，高新技术企业认定政策更能带动企业创新投入和增加创新产出。

三、税收优惠、政府补贴、银行借款和人力资本是高新技术企业认定影响企业创新的主要机制

高新技术企业认定通过降低企业税收负担、增加政府补贴、增加短期借款和高技能人力资本，促进了企业创新。进一步检验发现，获得高新技术企业认定次数更多的企业，高新技术企业认定对企业创新投入和创新产出的促进作用更加显著。检验结果意味着，高新技术企业认定政策不仅给企业带来了税收优惠，降低了企业税收负担，节约了企业自有现金流量，还可以给企业带来政府补贴、银行贷款和人力资本等创新资源，降低了企业创新成本，从而有效引导了企业创新。

四、高新技术企业认定促进了企业创新并最终提高了企业市场竞争力和企业价值

检验结果发现，高新技术企业认定通过促进企业创新，不仅提高了企业市场竞争力，还提高了企业的市场价值。检验结果意味着，高新技术企业认定政策不仅促进企业增加了创新投入和创新产出，还可以进一步提高企业市场竞争力，扩大企业市场占有份额，提高企业市场价值。

本书不仅在理论上有助于从信号传递理论视角丰富和拓展高新技术企业认定的经济后果的相关研究，从信息不对称理论视角丰富和拓展政府创新政策的经济后果的相关研究，还有助于从产业政策视角丰富和拓展企业创新影响因素的相关研究。在实践上还有助于为科学评

价高新技术企业认定政策的有效性提供理论依据和政策参考，有助于为引导企业主动申请高新技术企业认定提供实证经验证据。

第二节 政策建议

根据上述理论分析和实证检验结果，本书认为我国高新技术企业认定政策对引导企业创新发挥了积极的引导作用，为了更好地促进高新技术企业发展和实施创新驱动发展战略，本书提出以下三点政策建议。

一、加大高新技术企业认定政策在制度环境落后地区的实施力度

在制度环境落后地区，高新技术企业认定政策能够发挥信号传递作用，降低企业与外部投资者之间的信息不对称，给企业带来创新资源，从而可以促进企业创新。因此在制度环境落后地区，应加大培育和认定高新技术企业的力度，以使更多的企业可以享受高新技术企业税收优惠及其他优惠政策，从而带动更多企业的创新活动，促进地区产业结构转型。

二、要区分不同类型企业分别实施引导创新的行为

进一步加大对民营企业专利申请和审批的支持力度，加大对小企业融资约束程度低的企业，公司治理水平高、公司透明度低的企业的认定后监督，查找创新投入和创新产出未显著增加的原因，以更有针对性地引导这些企业创新。

三、继续实施高新技术企业税收优惠政策

加大对高新技术企业的税收优惠力度，并且加强税收优惠政策宣传，以使更多的中小企业能够享受税收优惠，从而可以引导更多企业创新。加大对高新技术企业补贴力度，通过培育和认定奖励补贴、研发费用补贴等方式，激励企业加大创新投入。加大金融对科技的扶持

力度，推广专利抵押方式帮助企业获得长期借款和更多的授信额度，降低企业信贷成本，以补充企业创新资源，引导企业创新。不断改进高新技术企业研发人才绩效考核制度。对科技成果的主要完成人或重要贡献者，给予现金、股份或出资比例等奖励。给予科研人才宽松的工作环境，从而留住和吸引人才，不断提高企业创新水平和核心竞争力。

参考文献

［1］安同良，千慧雄．中国企业 R&D 补贴策略：补贴阈限、最优规模与模式选择［J］．经济研究，2021，56（1）：122－137.

［2］安同良，周绍东，皮建才．R&D 补贴对中国企业自主创新的激励效应［J］．经济研究，2009，44（10）：87－98，120.

［3］白俊红，卞元超．要素市场扭曲与中国创新生产的效率损失［J］．中国工业经济，2016（11）：39－55.

［4］白俊红，刘宇英．金融市场化与企业技术创新：机制与证据［J］．经济管理，2021，43（4）：39－54.

［5］蔡地，万迪昉，罗进辉．产权保护、融资约束与民营企业研发投入［J］．研究与发展管理，2012（2）：85－93.

［6］蔡竞，董艳．银行业竞争与企业创新——来自中国工业企业的经验证据［J］．金融研究，2016（11）：96－111.

［7］曹春方，马连福，沈小秀．财政压力、晋升压力、官员任期与地方国企过度投资［J］．经济学（季刊），2014，13（4）：1415－1436.

［8］常青青．税收优惠对高新技术企业创新效率的差异化影响［J］．财经科学，2020（8）：83－92.

［9］陈爱贞，张鹏飞．并购模式与企业创新［J］．中国工业经济，2019（12）：115－133.

［10］陈冬华，姚振晔．政府行为必然会提高股价同步性吗？——基于我国产业政策的实证研究［J］．经济研究，2018，53（12）：112－128.

[11] 陈红，张玉，刘东霞．政府补助、税收优惠与企业创新绩效——不同生命周期阶段的实证研究［J］．南开管理评论，2019，22（3）：187－200.

[12] 陈玲，杨文辉．政府研发补贴会促进企业创新吗？——来自中国上市公司的实证研究［J］．科学学研究，2016，34（3）：433－442.

[13] 陈璐，张彩江，贺建风．政府补助在企业创新过程中能发挥信号传递作用吗？［J］．证券市场导报，2019（8）：41－49.

[14] 陈强远，林思彤，张醒．中国技术创新激励政策：激励了数量还是质量［J］．中国工业经济，2020（4）：79－96.

[15] 陈雄兵，马苗苗．海归高管促进了企业创新吗？［J］．南京财经大学学报，2019（6）：54－64.

[16] 陈昭，刘映曼．政府补贴，企业创新与制造业企业高质量发展［J］．改革，2019，306（8）：140－151.

[17] 陈珍珍，何宇，徐长生．高新技术企业认定对研发投入的政策效应研究——来自A股上市公司的经验证据［J］．中国科技论坛，2019（7）：1－10.

[18] 成果，陶小马，金旭晔．政府背景风险投资对创新的甄选与培育效果——不同区域环境视角的检验［J］．科技进步与对策，2020，37（12）：9－18.

[19] 程玲，汪顺，刘晴．融资约束与企业研发操纵的经济学分析［J］．财贸经济，2019，40（8）：67－82.

[20] 程曦，蔡秀云．税收政策对企业技术创新的激励效应——基于异质性企业的实证分析［J］．中南财经政法大学学报，2017（6）：94－102，159－160.

[21] 大野健一．中等收入陷阱与产业政策［J］．财新周刊，2015（14）：9.

[22] 戴晨，刘怡．税收优惠与财政补贴对企业R&D影响的比较分析［J］．经济科学，2008（3）：58－71.

[23] 戴静，张建华．金融所有制歧视、所有制结构与创新产

出——来自中国地区工业部门的证据 [J]. 金融研究，2013（5）：86 – 98.

［24］戴魁早，刘友金. 要素市场扭曲与创新效率——对中国高技术产业发展的经验分析 [J]. 经济研究，2016，51（7）：72 – 86.

［25］戴小勇，成力为. 出口与 FDI 对中国劳动收入份额下降的影响 [J]. 世界经济研究，2014（8）：74 – 80.

［26］戴一鑫，李杏，冉征. 研发补贴不平等与企业创新效率 [J]. 财贸研究，2019，30（7）：63 – 78.

［27］党文娟，罗庆凤. 政府主导下的中小型企业创新激励机制研究——以重庆为例 [J]. 科研管理，2020，41（7）：50 – 60.

［28］邓可斌，曾海舰. 中国企业的融资约束：特征现象与成因检验 [J]. 经济研究，2014（2）：47 – 60.

［29］丁重，邓可斌. 流动性因素与中国股市的技术创新信息反馈——基于股价特质波动的实证研究 [J]. 产业经济研究，2012（4）：63 – 71.

［30］杜兴强，曾泉，杜颖洁. 政治联系、过度投资与公司价值——基于国有上市公司的经验证据 [J]. 金融研究，2011（8）：93 – 110.

［31］冯发贵，李隋. 产业政策实施过程中财政补贴与税收优惠的作用与效果 [J]. 税务研究，2017（5）：51 – 58.

［32］冯海红，曲婉，李铭禄. 税收优惠政策有利于企业加大研发投入吗？[J]. 科学学研究，2015，33（5）：665 – 673.

［33］冯梓洋，张显峰，唐亮. 创业板公司自主创新与企业绩效、股价波动的关联分析 [J]. 证券市场导报，2014（3）：41 – 45.

［34］付宏，毛蕴诗，宋来胜. 创新对产业结构高级化影响的实证研究——基于 2000 ~ 2011 年的省际面板数据 [J]. 中国工业经济，2013（9）：56 – 68.

［35］干春晖，邹俊，王健. 地方官员任期、企业资源获取与产能过剩 [J]. 中国工业经济，2015（3）：44 – 56.

［36］高艳慧，万迪昉，蔡地. 政府研发补贴具有信号传递作用

吗？——基于我国高技术产业面板数据的分析［J］. 科学学与科学技术管理，2012，33（1）：5－11.

［37］顾元媛，沈坤荣. 地方官员创新精神与地区创新——基于长三角珠三角地级市的经验证据［J］. 金融研究，2012（11）：89－102.

［38］郭峰，王靖一，王芳，孔涛，张勋，程志云. 测度中国数字普惠金融发展：指数编制与空间特征［J］. 经济学（季刊），2020，19（4）：1401－1418.

［39］郭健，刘晓彤，宋尚彬. 企业异质性、研发费用加计扣除与全要素生产率［J］. 宏观经济研究，2020（5）：130－144.

［40］郭娜. 政府？市场？谁更有效——中小企业融资难解决机制有效性研究［J］. 金融研究，2013（3）：194－206.

［41］韩凤芹，陈亚平. 选择性税收激励、迎合式研发投入与研发绩效［J］. 科学学研究，2020，38（9）：1621－1629.

［42］韩鹏，岳园园. 企业创新行为信息披露的经济后果研究——来自创业板的经验证据［J］. 会计研究，2016（1）：49－55，95.

［43］何雨晴，丁红燕. 清晰抑或模糊：企业创新行为的披露策略——基于高新技术上市公司的研究［J］. 山西财经大学学报，2021，43（4）：63－75.

［44］贺康，王运陈，张立光，万丽梅. 税收优惠、创新产出与创新效率——基于研发费用加计扣除政策的实证检验［J］. 华东经济管理，2020，34（1）：37－48.

［45］胡兆廉，聂长飞，石大千. 鱼和熊掌可否得兼？——创新型城市试点政策对城市产业集聚的影响［J］. 产业经济研究，2021（1）：128－142.

［46］黄惠春，李媛. 高新技术企业认定能否促进科技型中小企业外部融资？——以苏州市为例［J］. 武汉金融，2020（1）：57－63.

［47］黄惠丹，吴松彬. R&D 税收激励效应评估：挤出还是挤入？

［J］．中央财经大学学报，2019（4）：16 - 26，128.

　　［48］黄蓉，易阳．高新资质、关联交易与企业税负［J］．金融经济学研究，2013，28（6）：76 - 85.

　　［49］纪志宏，周黎安，王鹏，赵鹰妍．地方官员晋升激励与银行信贷——来自中国城市商业银行的经验证据［J］．金融研究，2014（1）：1 - 15.

　　［50］贾俊生，伦晓波，林树．金融发展、微观企业创新产出与经济增长——基于上市公司专利视角的实证分析［J］．金融研究，2017（1）：99 - 113.

　　［51］简佩茹．高新技术企业社会资本促进创新绩效提升的机理及途径研究［J］．科技进步与对策，2019，36（6）：101 - 110.

　　［52］江诗松，何文龙，路江涌．创新作为一种政治战略：转型经济情境中的企业象征性创新［J］．南开管理评论，2019，22（2）：104 - 113.

　　［53］江希和，王水娟．企业研发投资税收优惠政策效应研究［J］．科研管理，2015（6）：46 - 52.

　　［54］江轩宇，贾婧，刘琪．债务结构优化与企业创新——基于企业债券融资视角的研究［J］．金融研究，2021（4）：131 - 149.

　　［55］姜英兵，史艺然．核心员工股权激励与创新产出——基于高新技术企业的经验证据［J］．财务研究，2018（1）：42 - 54.

　　［56］蒋德权，姜国华，陈冬华．地方官员晋升与经济效率：基于政绩考核观和官员异质性视角的实证考察［J］．中国工业经济，2015（10）：21 - 36.

　　［57］解维敏，方红星．金融发展、融资约束与企业研发投入［J］．金融研究，2011（5）：171 - 183.

　　［58］金宇，王培林，富钰媛．选择性产业政策提升了我国专利质量吗？——基于微观企业的实验研究［J］．产业经济研究，2019（6）：39 - 49.

　　［59］鞠晓生，卢荻，虞义华．融资约束、营运资本管理与企业创新可持续性［J］．经济研究，2013（1）：4 - 16.

［60］寇宗来，刘学悦．中国企业的专利行为：特征事实以及来自创新政策的影响［J］．经济研究，2020，55（3）：83－99.

［61］乐菲菲，张金涛，魏震昊．独立董事辞职、政治关联丧失与企业创新效率［J］．科研管理，2020，41（2）：248－256.

［62］雷根强，郭玥．高新技术企业被认定后企业创新能力提升了吗？——来自中国上市公司的经验证据［J］．财政研究，2018（9）：32－47.

［63］雷新途，温卿云．信息透明度对创新投入与创新成果的促进机理——来自上市公司的经验证据［J］．华东经济管理，2021，35（6）：53－67.

［64］黎文靖，郑曼妮．实质性创新还是策略性创新？——宏观产业政策对微观企业创新的影响［J］．经济研究，2016，51（4）：60－73.

［65］李柏洲，孙立梅．创新系统中科技中介组织的角色定位研究［J］．科学学与科学技术管理，2010，31（9）：29－33.

［66］李成友，孙涛，焦勇．要素禀赋、工资差距与人力资本形成［J］．经济研究，2018，53（10）：113－126.

［67］李春涛，宋敏．中国制造业企业的创新活动：所有制和CEO激励的作用［J］．经济研究，2010，45（5）：55－67.

［68］李春涛，闫续文，宋敏，杨威．金融科技与企业创新——新三板上市公司的证据［J］．中国工业经济，2020（1）：81－98.

［69］李后建，刘思亚．银行信贷、所有权性质与企业创新［J］．科学学研究，2015，33（7）：1089－1099.

［70］李汇东，唐跃军，左晶晶．用自己的钱还是用别人的钱创新？——中国上市公司融资结构与公司创新的研究［J］．金融研究，2013（2）：170－183.

［71］李莉，曲晓辉，肖虹．R&D支出资本化：真实信号传递或盈余管理？［J］．审计与经济研究，2013（1）：60－69.

［72］李丽青．我国现行 R&D 税收优惠政策的有效性研究［J］．中国软科学，2007（7）：115－120.

[73] 李林木, 汪冲. 税费负担、创新能力与企业升级——来自"新三板"挂牌公司的经验证据 [J] 经济研究, 2017 (11): 119 - 134.

[74] 李玲, 陶厚永. 纵容之手、引导之手与企业自主创新——基于股权性质分组的经验证据 [J]. 南开管理评论, 2013, 16 (3): 69 - 79.

[75] 李平, 孙灵燕. 推进企业自主创新的财税政策 [J]. 财政研究, 2007 (4): 44 - 46.

[76] 李启平. "营改增"对高新技术企业创新行为和财务绩效的影响 [J]. 中南财经政法大学学报, 2019 (1): 126 - 134.

[77] 李诗, 洪涛, 吴超鹏. 上市公司专利对公司价值的影响——基于知识产权保护视角 [J]. 南开管理评论, 2012, 15 (6): 4 - 13, 24.

[78] 李苏敏, 李小胜. 减税能提升企业创新效率吗? ——基于 PVAR 模型的经验证据 [J]. 财贸研究, 2020, 31 (4): 75 - 87.

[79] 李隋, 张腾文. 产业政策有效性研究——基于公司融资视角 [J]. 财经科学, 2015 (9): 53 - 63.

[80] 李万福, 杜静, 张怀. 创新补助究竟有没有激励企业创新自主投资——来自中国上市公司的新证据 [J]. 金融研究, 2017 (10): 130 - 145.

[81] 李维安, 李浩波, 李慧聪. 创新激励还是税盾? ——高新技术企业税收优惠研究 [J]. 科研管理, 2016, 37 (11): 61 - 70.

[82] 李文贵, 余明桂. 民营化企业的股权结构与企业创新 [J]. 管理世界, 2015 (4): 112 - 125.

[83] 李香菊, 杨欢. 财税激励政策、外部环境与企业研发投入——基于中国战略性新兴产业 A 股上市公司的实证研究 [J]. 当代财经, 2019 (3): 25 - 36.

[84] 李晓霞, 罗党论, 王碧形. 谁更能识别企业创新: 政府还是市场? ——基于 A 股 IPO 上市公司的实证研究 [J]. 会计与经济研究, 2019, 33 (6): 3 - 18.

［85］李晓钟，吴振雄，张小蒂．政府补贴对物联网企业生产效率的影响研究——基于沪深两市 2010—2013 年公司数据的实证检验［J］．中国软科学，2016（2）：105 – 113.

［86］李晓钟，徐怡．政府补贴对企业创新绩效作用效应与门槛效应研究——基于电子信息产业沪深两市上市公司数据［J］．中国软科学，2019（5）：31 – 39.

［87］李政，杨思莹．财政分权、政府创新偏好与区域创新效率［J］．管理世界，2018，34（12）：29 – 42，110.

［88］连立帅，陈超，白俊．产业政策与信贷资源配置［J］．经济管理，2015（12）：1 – 11.

［89］梁俊娇，贾昱晞．企业所得税税收优惠对企业创新的影响——基于上市公司面板数据的实证分析［J］．中央财经大学学报，2019（9）：13 – 23.

［90］梁彤缨，陈昌杰．管理者过度自信与企业创新投资：融资约束和股权激励的作用［J］．工业技术经济，2020，39（1）：23 – 32.

［91］廖理，沈红波，郦金梁．股权分置改革与上市公司治理的实证研究［J］．中国工业经济，2008（5）：99 – 108.

［92］林菁璐．政府研发补贴对中小企业研发投入影响的实证研究［J］．管理世界，2018，34（3）：180 – 181.

［93］林洲钰，林汉川，邓兴华．所得税改革与中国企业技术创新［J］．中国工业经济，2013（3）：111 – 123.

［94］刘春林，田玲．人才政策"背书"能否促进企业创新［J］．中国工业经济，2021（3）：54 – 55.

［95］刘和旺，郑世林，王宇锋．所有制类型、技术创新与企业绩效［J］．中国软科学，2015（3）：28 – 40.

［96］刘晖，李欣先，李慧玲．专业技术人才空间集聚与京津冀协同发展［J］．人口与发展，2018，24（6）：109 – 124，108.

［97］刘啟仁，黄建忠．产品创新如何影响企业加成率［J］．世界经济，2016（11）：28 – 53.

［98］刘思明，侯鹏，赵彦云．知识产权保护与中国工业创新能力——来自省级大中型工业企业面板数据的实证研究［J］．数量经济技术经济研究，2015（3）：40－57.

［99］刘现伟．新时代亟须推动民营经济高质量发展［N］．经济参考报，2019－02－17.

［100］刘行，赵健宇．税收激励与企业创新——基于增值税转型改革的"准自然实验"［J］．会计研究，2019（9）：43－49.

［101］刘郁葱，周俊琪．高新技术企业税收优惠正当性的理论论证——基于消费者剩余的视角［J］．税务研究，2019（2）：81－86.

［102］刘志阔，蒋坤宏．中国研发投入的周期性及其非对称性——基于工业企业数据库的实证研究［J］．世界经济文汇，2014（3）：84－97.

［103］刘子誾，周江华，李纪珍．过犹不及：财政补贴对企业创新的多重作用机制分析［J］．科学学与科学技术管理，2019，40（1）：53－66.

［104］柳光强．税收优惠、财政补贴政策的激励效应分析——基于信息不对称理论视角的实证研究［J］．管理世界，2016（10）：62－71.

［105］柳剑平，郑绪涛，喻美辞．税收、补贴与R&D溢出效应分析［J］．数量经济技术经济研究，2005，22（12）：81－90.

［106］娄贺统，徐浩萍．政府推动下的企业技术创新——税收激励效应的实证研究［J］．中国会计评论，2009（2）：191－206.

［107］卢君生，张顺明，朱艳阳．高新技术企业认证能缓解融资约束吗？［J］．金融论坛，2018，23（1）：52－65.

［108］鲁桐，党印．公司治理与技术创新：分行业比较［J］．经济研究，2014，49（6）：115－128.

［109］陆正飞，祝继高，樊铮．银根紧缩、信贷歧视与民营上市公司投资者利益损失［J］．金融研究，2009（8）：124－136.

［110］吕铁，王海成．放松银行准入管制与企业创新——来自股份制商业银行在县域设立分支机构的准自然试验［J］．经济学（季

刊），2019，18（4）：1443 – 1464.

[111] 罗宏，秦际栋. 国有股权参股对家族企业创新投入的影响[J]. 中国工业经济，2019（7）：174 – 192.

[112] 罗能生，徐铭阳，王玉泽. 空气污染会影响企业创新吗？[J]. 经济评论，2019（1）：19 – 32.

[113] 罗正英，李益娟，常昀. 民营企业的股权结构对 R&D 投资行为的传导效应研究 [J]. 中国软科学，2014（3）：167 – 176.

[114] 马光荣，刘明，杨恩艳. 银行授信、信贷紧缩与企业研发[J]. 金融研究，2014（7）：76 – 93.

[115] 马永强，邱煜，金智. CEO 贫困出身与企业创新：人穷志短抑或穷则思变？[J]. 经济管理，2019，41（12）：88 – 104.

[116] 马悦. 完善我国科技创新税收优惠政策的对策研究 [J]. 经济纵横，2015（12）：87 – 90.

[117] 毛其淋，许家云. 政府补贴对于企业新产品创新的影响——基于补贴强度"适度区间"的视角 [J]. 中国工业经济，2015（6）：94 – 107.

[118] 毛其淋. 外资进入自由化如何影响了中国本土企业创新？[J]. 金融研究，2019（1）：72 – 90.

[119] 梅冰菁，罗剑朝. 财政补贴、研发投入与企业创新绩效——制度差异下有调节的中介效应模型检验 [J]. 经济经纬，2020，37（1）：167 – 176.

[120] 孟令熙. 高新技术企业研发人才择业影响因素研究 [J]. 科技进步与对策，2012，29（14）：133 – 137.

[121] 苗文龙，何德旭，周潮. 企业创新行为差异与政府技术创新支出效应 [J]. 经济研究，2019，54（1）：85 – 99.

[122] 聂长飞，简新华. 中国高质量发展的测度及省际现状的分析比较 [J]. 数量经济技术经济研究，2020（2）：26 – 47.

[123] 聂辉华，谭松涛，王宇锋. 创新、企业规模和市场竞争：基于中国企业层面的面板数据分析 [J]. 世界经济，2008（7）：57 – 66.

［124］牛建波，李胜楠，杨育龙，董晨悄. 高管薪酬差距、治理模式和企业创新［J］. 管理科学，2019，32（2）：77–93.

［125］牛泽东，张倩肖. 中国装备制造业的技术创新效率［J］. 数量经济技术经济研究，2012（11）：51–67.

［126］潘健平，潘越，马奕涵. 以"合"为贵？合作文化与企业创新［J］. 金融研究，2019（1）：148–167.

［127］潘孝珍，燕洪国. 税收优惠、政府审计与国有企业科技创新——基于央企审计的经验证据［J］. 审计研究，2018（6）：33–40.

［128］庞瑞芝，师雯雯，丁明磊. 政企关联、研发与创新绩效——基于426家创新型企业的数据［J］. 当代经济科学，2014，36（1）：55–62，126.

［129］蒲艳萍，顾冉. 劳动力工资扭曲如何影响企业创新［J］. 中国工业经济，2019（7）：137–154.

［130］钱爱民，张晨宇，步丹璐. 宏观经济冲击、产业政策与地方政府补助［J］. 产业经济研究，2015（5）：73–82.

［131］秦雪征，尹志锋，周建波，孔欣欣. 国家科技计划与中小型企业创新：基于匹配模型的分析［J］. 管理世界，2012（4）：70–81.

［132］邱洋冬，陶锋. 选择性产业政策提升了企业风险承担水平吗？——基于高新技术企业资质认定的证据［J］. 经济科学，2020（1）：46–58.

［133］曲婉，冯海红，侯沁江. 创新政策评估方法及应用研究：以高新技术企业税收优惠政策为例［J］. 科研管理，2017，38（1）：1–11.

［134］邵帅，吕长江. 实际控制人直接持股可以提升公司价值吗？——来自中国民营上市公司的证据［J］. 管理世界，2015（5）：134–146，188.

［135］沈坤荣，孙文杰. 市场竞争、技术溢出与内资企业R&D效率——基于行业层面的实证研究［J］. 管理世界，2009（1）：38–

48，187 - 188.

[136] 沈能，刘凤朝．高强度的环境规制真能促进技术创新吗？——基于"波特假说"的再检验 [J]．中国软科学，2012 (4)：49 - 59.

[137] 石晓军，王骜然．独特公司治理机制对企业创新的影响——来自互联网公司双层股权制的全球证据 [J]．经济研究，2017，52 (1)：149 - 164.

[138] 水会莉，韩庆兰，杨洁辉．政府压力、税收激励与企业研发投入 [J]．科学学研究，2015 (12)：1828 - 1838.

[139] 宋凌云，王贤彬，徐现祥．地方官员引领产业结构变动 [J]．经济学（季刊），2012，12 (1)：71 - 92.

[140] 宋凌云，王贤彬．产业政策如何推动产业增长——财政手段效应及信息和竞争的调节作用 [J]．财贸研究，2017，28 (3)：11 - 27.

[141] 宋凌云，王贤彬．重点产业政策、资源重置与产业生产率 [J]．管理世界，2013 (12)：63 - 77.

[142] 孙刚，孙红，朱凯．高科技资质认定与上市企业创新治理 [J]．财经研究，2016，42 (1)：30 - 39，82.

[143] 孙刚．"科技认定"、代理成本与创新绩效——基于上市公司专利申请的初步证据 [J]．科学学研究，2018，36 (2)：249 - 263.

[144] 孙慧，任鸽．高管团队垂直薪酬差距、国际化战略与企业创新绩效——组织惯性的调节作用 [J]．经济与管理评论，2020，36 (2)：44 - 55.

[145] 孙晓华，郭旭，王昀．政府补贴、所有权性质与企业研发决策 [J]．管理科学学报，2017，20 (6)：18 - 31.

[146] 孙自愿，梁晨，卫慧芳．什么样的税收优惠能够激励高新技术企业创新——来自优惠强度与具体优惠政策的经验证据 [J]．北京工商大学学报（社会科学版），2020，35 (5)：95 - 106.

[147] 谭建华，丁红燕，谭志东．高铁开通与企业创新——基于高

铁开通的准自然实验 [J]．山西财经大学学报，2019，41（3）：60 – 70.

[148] 谭劲松，简宇寅，陈颖．政府干预与不良贷款——以某国有商业银行 1988 ~ 2005 年的数据为例 [J]．管理世界，2012（7）：29 – 43，187.

[149] 谭龙，刘文澜，宋赛赛．高新技术企业认定促进专利申请量增长的实证分析 [J]．技术经济，2013，32（4）：1 – 6.

[150] 汤二子，刘凤朝．研发对企业利润的影响及出口扩大效应 [J]．管理工程学报，2015（2）：112 – 120.

[151] 唐清泉，李懿东，周晶．企业研发投入的价值与研发投入的策略选择——基于我国上市公司的实证研究 [J]．当代经济管理，2013（1）：30 – 40.

[152] 唐清泉，卢珊珊，李懿东．企业成为创新主体与 R&D 补贴的政府角色定位 [J]．中国软科学，2008（6）：88 – 98.

[153] 唐清泉，巫岑．银行业结构与企业创新活动的融资约束 [J]．金融研究，2015（7）：116 – 134.

[154] 唐清泉，徐欣．企业 R&D 投资与内部资金 [J]．中国会计评论，2010（3）：341 – 362.

[155] 田文佳，余靖雯，龚六堂．晋升激励与工业用地出让价格——基于断点回归方法的研究 [J]．经济研究，2019（10）：89 – 105.

[156] 田祥宇，杜洋洋，李佩瑶．高管任期交错会影响企业创新投入吗？[J]．会计研究，2018（12）：56 – 61.

[157] 万华林，陈信元．治理环境、企业寻租与交易成本——基于中国上市公司非生产性支出的经验证据 [J]．经济学（季刊），2010（2）：553 – 570.

[158] 万源星，许永斌．高新认定办法、研发操纵与企业技术创新效率 [J]．科研管理，2019，40（4）：54 – 62.

[159] 汪昌云，钟腾，郑华懋．金融市场化提高了农户信贷获得吗？——基于农户调查的实证研究 [J]．经济研究，2014，49（10）：33 – 45.

［160］汪立鑫，左川．国有经济与民营经济的共生发展关系——理论分析与经验证据［J］．复旦学报：社会科学版，2019，61（4）：159－168.

［161］王保林，蒋建勋．新兴市场企业对外直接投资模式与企业创新绩效——内部研发是协同还是替代［J］．科学学与科学技术管理，2019，40（7）：61－74.

［162］王春元，叶伟巍．税收优惠与企业自主创新：融资约束的视角［J］．科研管理，2018，39（3）：37－44.

［163］王春元，于井远．财政补贴，税收优惠与企业自主创新：政策选择与运用［J］．财经论丛，2020（10）：33－43.

［164］王帆，许诺，章琳，张龙平．年报预约披露延迟与企业创新［J］．会计研究，2020（8）：159－177.

［165］王桂军，卢潇潇．"一带一路"倡议可以促进中国企业创新吗？［J］．财经研究，2019，45（1）：19－34.

［166］王红建，李青原，邢斐．金融危机、政府补贴与盈余操纵——来自中国上市公司的经验证据［J］．管理世界，2014（7）：157－167.

［167］王化成，胡国柳．股权结构与企业投资多元化关系：理论与实证分析［J］．会计研究，2005（8）：56－62.

［168］王金杰，郭树龙，张龙鹏．互联网对企业创新绩效的影响及其机制研究——基于开放式创新的解释［J］．南开经济研究，2018（6）：170－190.

［169］王克敏，刘静，李晓溪．产业政策、政府支持与公司投资效率研究［J］．管理世界，2017（3）：113－124.

［170］王兰芳，王悦，侯青川．法制环境、研发"粉饰"行为与绩效［J］．南开管理评论，2019，22（2）：130－143，187.

［171］王砾，孔东民，代昀昊．官员晋升压力与企业创新［J］．管理科学学报，2018，21（1）：111－126.

［172］王玺，张嘉怡．税收优惠对企业创新的经济效果评价［J］．财政研究，2015（1）：58－62.

［173］王小鲁，樊纲，余静文．中国分省份市场化指数报告（2016）［R］．北京：社会科学文献出版社，2017．

［174］王馨，王营．绿色信贷政策增进绿色创新研究［J］．管理世界，2021，37（6）：173－188．

［175］王亚男，戴文涛．内部控制抑制还是促进企业创新？——中国的逻辑［J］．审计与经济研究，2019，34（6）：19－32．

［176］王彦超，李玲，王彪华．税收优惠与财政补贴能有效促进企业创新吗？——基于所有制与行业特征差异的实证研究［J］．税务研究，2019（6）：92－98．

［177］王一舒，杨晶，王卫星．高新技术企业税收优惠政策实施效应及影响因素研究［J］．兰州大学学报：社会科学版，2013，41（6）：120－126．

［178］王咏梅．高科技公司投资价值信息识别的实证研究［J］．统计研究，2003（11）：23－28．

［179］王宇峰，张娜．政治联系、债务融资与企业研发投入——来自中国上市公司的经验证据［J］．财经理论与实践，2014（3）：62－66．

［180］王玉霞，孙治一．领导权结构和 CEO 激励对企业创新的影响——基于战略新兴产业上市公司的经验数据［J］．经济问题，2019（1）：60－67．

［181］王玉泽，罗能生，刘文彬．什么样的杠杆率有利于企业创新［J］．中国工业经济，2019（3）：138－155．

［182］卫舒羽，肖鹏．税收优惠、财政补贴与企业研发投入——基于沪深 A 股上市公司的实证分析［J］．税务研究，2021（5）：40－46．

［183］魏志华，曾爱民，李博．金融生态环境与企业融资约束——基于中国上市公司的实证研究［J］．会计研究，2014（5）：73－80，95．

［184］温军，冯根福，刘志勇．异质债务、企业规模与 R&D 投入［J］．金融研究，2011（1）：167－181．

　　[185] 温军, 冯根福. 异质机构、企业性质与自主创新 [J]. 经济研究, 2012 (3): 53 - 64.

　　[186] 吴红军, 刘啟仁, 吴世农. 公司环保信息披露与融资约束 [J]. 世界经济, 2017, 40 (5): 124 - 147.

　　[187] 吴俊, 黄东梅. 研发补贴、产学研合作与战略性新兴产业创新 [J]. 科研管理, 2016, 37 (9): 20 - 27.

　　[188] 吴敏, 周黎安. 晋升激励与城市建设: 公共品可视性的视角 [J]. 经济研究, 2018, 53 (12): 99 - 113.

　　[189] 吴延兵. 中国工业 R&D 投入的影响因素 [J]. 产业经济研究, 2009 (6): 13 - 21.

　　[190] 吴尧, 沈坤荣. 最优金融结构与企业创新产出质量 [J]. 宏观质量研究, 2020, 8 (2): 95 - 109.

　　[191] 吴祖光, 万迪昉, 吴卫华. 税收对企业研发投入的影响: 挤出效应与避税激励——来自中国创业板上市公司的经验证据 [J]. 研究与发展管理, 2013, 25 (5): 1 - 11.

　　[192] 伍红, 郑家兴. 政府补助和减税降费对企业创新效率的影响——基于制造业上市企业的门槛效应分析 [J]. 当代财经, 2021 (3): 28 - 39.

　　[193] 伍健, 田志龙, 龙晓枫, 熊琪. 战略性新兴产业中政府补贴对企业创新的影响 [J]. 科学学研究, 2018, 36 (1): 158 - 166.

　　[194] 武龙. 风险投资、认证效应与中小企业银行贷款 [J]. 经济管理, 2019, 41 (2): 172 - 190.

　　[195] 夏清华, 何丹. 政府研发补贴促进企业创新了吗——信号理论视角的解释 [J]. 科技进步与对策, 2020, 37 (1): 92 - 101.

　　[196] 肖虹, 曲晓辉. R&D 投资迎合行为: 理性迎合渠道与股权融资渠道?——基于中国上市公司的经验证据 [J]. 会计研究, 2012 (2): 42 - 49.

　　[197] 肖建华, 谢璐华. "营改增" 与企业创新资源流向——基于上市公司的实证分析 [J]. 华东经济管理, 2020, 34 (3): 103 - 111.

［198］肖仁桥，王宗军，钱丽．我国不同性质企业技术创新效率及其影响因素研究：基于两阶段价值链的视角［J］．管理工程学报，2015（2）：190 - 201.

［199］肖文，林高榜．政府支持、研发管理与技术创新效率——基于中国工业行业的实证分析［J］．管理世界，2014（4）：71 - 80.

［200］谢小芳，李懿东，唐清泉．市场认同企业的研发投入价值吗？——来自沪深 A 股市场的经验证据［J］．中国会计评论，2009，7（3）：299 - 314.

［201］熊艾伦，蒲勇健，王睿．女性高管对企业创新决策的影响［J］．管理工程学报，2019，33（1）：30 - 36.

［202］徐飞．银行信贷与企业创新困境［J］．中国工业经济，2019（1）：119 - 136.

［203］徐经长，乔菲，张东旭．限薪令与企业创新：一项准自然实验［J］．管理科学，2019，32（2）：120 - 134.

［204］徐妍，郭品．房价、资源错配与企业创新——基于房价效率因素和非效率因素的分析［J］．经济问题，2019（7）：16 - 28.

［205］徐晔，蔡奇翰．高新技术企业认定对企业创新及财务绩效的影响——基于断点回归方法［J］．复旦大学学报（社会科学版），2019，61（6）：139 - 150.

［206］许长新，杨李华．异质性视角下机构投资者影响企业创新的路径［J］．金融经济学研究，2018，33（6）：67 - 78.

［207］许敬轩，王小龙，何振．多维绩效考核、中国式政府竞争与地方税收征管［J］．经济研究，2019，54（4）：35 - 50.

［208］许玲玲，杨筝，刘放．高新技术企业认定、税收优惠与企业技术创新——市场化水平的调节作用［J］．管理评论，2021，33（2）：132 - 143.

［209］许玲玲．高新技术企业认定、政治关联与民营企业技术创新［J］．管理评论，2017，29（9）：84 - 94.

［210］许玲玲．高新技术企业认定、制度环境与企业技术创新［J］．科技进步与对策，2018，35（7）：82 - 87.

［211］闫志俊，于津平．政府补贴与企业全要素生产率——基于新兴产业和传统制造业的对比分析［J］．产业经济研究，2017（1）：1－13.

［212］严若森，吴梦茜．二代涉入、制度情境与中国家族企业创新投入——基于社会情感财富理论的研究［J］．经济管理，2020，42（3）：23－39.

［213］杨朝峰，贾小峰．政府公共 R&D 影响经济增长的机制研究［J］．中国软科学，2008（8）：37－42.

［214］杨道广，王佳妮，陈汉文．业绩预告："压力"抑或"治理"——来自企业创新的证据［J］．南开管理评论，2020，23（4）：107－119.

［215］杨国超，刘静，廉鹏，芮萌．减税激励、研发操纵与研发绩效［J］．经济研究，2017（8）：110－124.

［216］杨国超，芮萌．高新技术企业税收减免政策的激励效应与迎合效应［J］．经济研究，2020，55（9）：174－191.

［217］杨记军，敖翔，吴敏．高新技术企业研发投入的阈值效应［J］．科研管理，2018，39（6）：88－98.

［218］杨建君，刘刃．企业创新策略选择与股价波动之间关系实证研究［J］．管理工程学报，2009，23（1）：5－40.

［219］杨明增，张钦成．高新技术企业减税激励政策会产生同伴压力效应吗［J］．当代财经，2019（6）：118－129.

［220］杨鸣京，程小可，钟凯．股权质押对企业创新的影响研究——基于货币政策不确定性调节效应的分析［J］．财经研究，2019，45（2）：139－152.

［221］杨洋，魏江，罗来军．谁在利用政府补贴进行创新？——所有制和要素市场扭曲的联合调节效应［J］．管理世界，2015（1）：75－86，98，188.

［222］杨晔，王鹏，李怡虹，杨大楷．财政补贴对企业研发投入和绩效的影响研究——来自中国创业板上市公司的经验证据［J］．财经论丛，2015（1）：24－31.

[223] 杨芷晴，张帆，张友斗．竞争性领域政府补助如何影响企业创新 [J]．财贸经济，2019，40（9）：132 – 145.

[224] 姚靠华，唐家财，蒋艳辉．研发投入、研发项目进展与股价波动——基于创业板上市高新技术企业的实证研究 [J]．中国管理科学，2013（1）：205 – 213.

[225] 姚洋，席天扬，李力行，王赫，万凤，张倩，刘松瑞，张舜栋．选拔、培养和激励——来自 CCER 官员数据库的证据 [J]．经济学（季刊），2020，19（3）：1017 – 1040.

[226] 姚洋，张牧扬．官员绩效与晋升锦标赛——来自城市数据的证据 [J]．经济研究，2013，48（1）：137 – 150.

[227] 姚耀军，董钢锋．中小企业融资约束缓解：金融发展水平重要抑或金融结构重要？——来自中小企业板上市公司的经验证据 [J]．金融研究，2015（4）：148 – 161.

[228] 叶明确，王昆晴．政府 R&D 投入对企业创新绩效的影响——基于上海高新企业的实证研究 [J]．科研管理，2019，40（7）：78 – 86.

[229] 叶显，吴非，刘诗源．企业减税的创新驱动效应研究——异质性特征、机制路径与政府激励结构破解 [J]．现代财经（天津财经大学学报），2019，39（4）：33 – 50.

[230] 叶永卫，李增福．续贷限制与企业技术创新 [J]．金融研究，2020（11）：151 – 169.

[231] 余明桂，范蕊，钟慧洁．中国产业政策与企业技术创新 [J]．中国工业经济，2016（12）：5 – 22.

[232] 喻坤，李治国，张晓蓉，徐剑刚．企业投资效率之谜：融资约束假说与货币政策冲击 [J]．经济研究，2014（5）：106 – 120.

[233] 袁建国，后青松，程晨．企业政治资源的诅咒效应——基于政治关联与企业技术创新的考察 [J]．管理世界，2015（1）：139 – 155.

[234] 苑泽明，严鸿雁，吕素敏．中国高新技术企业专利权对未来经营绩效影响的实证研究 [J]．科学学与科学技术管理，2010，31

（6）：166 - 170.

［235］曾婧婧、周丹萍．区域特质、产业结构与城市创新绩效——基于创新型城市试点的准自然实验［J］．公共管理评论，2019（3）：66 - 97.

［236］曾颖，陆正飞．信息披露质量与股权融资成本［J］．经济研究，2006，41（2）：69 - 79，91.

［237］张杰，陈志远，杨连星，新夫．中国创新补贴政策的绩效评估：理论与证据［J］．经济研究，2015，50（10）：4 - 17，33.

［238］张杰，李克，刘志彪．市场化转型与企业生产效率——中国的经验研究［J］．经济学（季刊），2011（2）：571 - 602.

［239］张杰，郑文平，新夫．中国的银行管制放松、结构性竞争和企业创新［J］．中国工业经济，2017（10）：120 - 138.

［240］张杰，郑文平．创新追赶战略抑制了中国专利质量么？［J］．经济研究，2018，53（5）：28 - 41.

［241］张军，樊海潮，许志伟，周龙飞．GDP 增速的结构性下调：官员考核机制的视角［J］．经济研究，2020，55（5）：31 - 48.

［242］张俊瑞，陈怡欣，汪方军．所得税优惠政策对企业创新效率影响评价研究［J］．科研管理，2016，37（3）：93 - 100.

［243］张莉，王贤彬，徐现祥．财政激励、晋升激励与地方官员的土地出让行为［J］．中国工业经济，2011，277（4）：35 - 43.

［244］张同斌，高铁梅．财税政策激励、高新技术产业发展与产业结构调整［J］．经济研究，2012（5）：58 - 70.

［245］张文菲，金祥义．信息披露如何影响企业创新：事实与机制——基于深交所上市公司微观数据分析［J］．世界经济文汇，2018（6）：102 - 119.

［246］张信东，尚利强，姜小丽．企业 R&D 投资与市场收益关系——基于国家认定企业技术中心的数据［J］．经济管理，2009（3）：113 - 118.

［247］张一林，樊纲治．信贷紧缩、企业价值与最优贷款利率［J］．经济研究，2016，51（6）：71 - 82.

［248］张于喆. 推进民营经济高质量发展——基于浙江、贵州等七省八市的调研［J］. 宏观经济管理，2020（1）：36－40，47.

［249］张子余，杨丹，张碧秋. 高新技术企业资格认定过程中的费用操控行为研究［J］. 南开管理评论，2019，22（5）：155－164.

［250］赵璨，王竹泉，杨德明，曹伟. 企业迎合行为与政府补贴绩效研究——基于企业不同盈利状况的分析［J］. 中国工业经济，2015（7）：130－45.

［251］赵月红，许敏. R&D 投入对企业绩效影响的研究——基于长三角上市公司 2006—2010 年的面板数据［J］. 科技管理研究，2013，33（12）：95－98.

［252］甄丽明，罗党论. 信贷寻租、金融错配及其对企业创新行为影响［J］. 产经评论，2019，10（4）：68－80.

［253］郑江淮，张玉昌. 政府研发资助促进企业创新的有效性：激励效应异质性假说与检验［J］. 经济理论与经济管理，2019，348（12）：18－35.

［254］郑婷婷，王虹，干胜道. 税收优惠与创新质量提升——基于数量增长与结构优化的视角［J］. 现代财经（天津财经大学学报），2020，40（1）：29－40.

［255］郑绪涛，柳剑平. 促进 R&D 活动的税收和补贴政策工具的有效搭配［J］. 产业经济研究，2008（1）：26－36.

［256］中国社会科学院经济研究所课题组. "十四五"时期我国所有制结构的变化趋势及优化政策研究［J］. 经济学动态，2020（3）：3－21.

［257］钟海燕，冉茂盛，文守逊. 政府干预、内部人控制与公司投资［J］. 管理世界，2010（7）：98－108.

［258］钟腾，汪昌云. 金融发展与企业创新产出——基于不同融资模式对比视角［J］. 金融研究，2017（12）：127－142.

［259］周冬华，黄佳，赵玉洁. 员工持股计划与企业创新［J］. 会计研究，2019（3）：63－70.

［260］周方召，符建华，仲深. 外部融资、企业规模与上市公司

技术创新 [J]. 科研管理, 2014, 35 (3): 341-342.

[261] 周黎安, 罗凯. 企业规模与创新: 来自中国省级水平的经验证据 [J]. 经济学 (季刊), 2005 (3): 623-638.

[262] 周铭山, 张倩倩. "面子工程" 还是 "真才实干"? ——基于政治晋升激励下的国有企业创新研究 [J]. 管理世界, 2016 (12): 116-132, 187-188.

[263] 周煊, 程立茹, 王皓. 技术创新水平越高企业财务绩效越好吗? ——基于16年中国制药上市公司专利申请数据的实证研究 [J]. 金融研究, 2012 (8): 166-179.

[264] 周雪峰, 左静静. 金融关联与内部控制对企业创新投资的影响: 互补抑或替代? [J]. 财经论丛, 2019 (2): 37-46.

[265] 周亚虹, 蒲余路, 陈诗一, 方芳. 政府扶持与新型产业发展——以新能源为例 [J]. 经济研究, 2015, 50 (6): 147-161.

[266] 周燕, 潘遥. 财政补贴与税收减免——交易费用视角下的新能源汽车产业政策分析 [J]. 管理世界, 2019, 35 (10): 133-149.

[267] 周阳敏, 赵亚莉, 桑乾坤. 企业家特质、企业创新与自创区高新技术企业盈利能力的实证研究 [J]. 工业技术经济, 2019, 38 (9): 9-17.

[268] 朱德胜, 李少臣. 股权激励对企业创新活动的影响: 促进还是抑制? [J]. 山东财经大学学报, 2020, 32 (1): 109-121.

[269] 朱德胜, 周晓珮. 股权制衡、高管持股与企业创新效率 [J]. 南开管理评论, 2016, 19 (3): 136-144.

[270] 朱乃平, 朱丽, 孔玉生, 沈阳. 技术创新投入、社会责任承担对财务绩效的协同影响研究 [J]. 会计研究, 2014 (2): 57-63.

[271] 朱平芳, 徐伟民. 政府的科技激励政策对大中型工业企业R&D投入及其专利产出的影响——上海市的实证研究 [J]. 经济研究, 2003 (6): 45-53.

[272] 祝继高, 齐肖, 汤谷良. 产权性质、政府干预与企业财务

困境应对——基于中国远洋、尚德电力和李宁公司的多案例研究 [J]. 会计研究, 2015 (5): 28 - 34.

[273] 邹洋, 叶金珍, 李博文. 政府研发补贴对企业创新产出的影响——基于中介效应模型的实证分析 [J]. 山西财经大学学报, 2019, 41 (1): 17 - 26.

[274] Aboody D, Lev B. Information asymmetry, R&D, and insider gains [J]. The Journal of Finance, 2000, 55 (6): 2747 - 2766.

[275] Acemoglu D., Zilibotti F. Was prometheus unbound by chance? Risk, diversification, and growth [J]. Journal of Political Economy, 1997, 105 (4): 709 - 751.

[276] Acemoglu D., Ufuk A., Harun A., Nicholas B., William K. Innovation, reallocation, and growth. [J]. American Economic Review, 2018, 108 (11): 3450 - 3491.

[277] Aghion P., Howitt P. Research and development in the growth process [J]. Journal of Economic Growth, 1996, 1 (1): 49 - 73.

[278] Akerlof G. A. The market for "lemons": Quality uncertainty and the market mechanism [M]. New York: Academic Press, 1978.

[279] Allen F., Qian J., Qian M. Law, finance and economic growth in China [J]. Journal of Financial Economics, 2005, 77 (1): 116 - 157.

[280] Amore M. D., Schneider C., Žaldokas A. Credit supply and corporate innovation [J]. Journal of Financial Economics, 2013, 109 (3): 835 - 855.

[281] Arrow K. J. Economic welfare and the allocation on resources for invention [A]. In Nelon R. R. (ed.). The Rate and Direction of Inventive Activity [C]. Princeton: Princeton University Press, 1962.

[282] Baghana R., Mohnen P. Effectiveness of R&D tax incentives in small and large enterprises in Québec [J]. Small Business Economics, 2009, 33 (1): 91 - 107.

[283] Baker S. R., Bloom N., Davis S. J. Measuring economic pol-

icy uncertainty [J]. The Quarterly Journal of Economics, 2016, 131 (4):
1593 – 1636.

[284] Batjargal B. , Hitt M. A. , Tsui A. S. , Arregle J. L. , Webb
J. W. , Miller T. L. Institutional polycentrism, entrepreneurs' social net-
works and new venture growth [J]. Academy of Management Journal,
2013, 56 (4): 1024 – 1049.

[285] Beason R. , Weinstein D. E. Growth, economies of scale, and
targeting in Japan (1955 – 1990) [J] . The Review of Economics and Sta-
tistics, 1996: 286 – 295.

[286] Becker B. Public R&D policies and private R&D investment:
A survey of the empirical evidence [J]. Journal of Economic Surveys,
2015, 29 (5): 917 – 942.

[287] Besharov M. L. , Smith W. K. Multiple institutional logics in
organizations: Explaining their varied nature and implications [J]. Acade-
my of Management Review, 2014, 390 (3): 364 – 381.

[288] Bhattacharya S. , Ritter J. R. Innovation and communication:
Signalling with partial disclosure [J]. The Review of Economic Studies,
1983, 50 (2): 331 – 346.

[289] Bhushan R. Firm characteristics and analyst following [J].
Journal of Accounting and Economics, 2006, 11 (2/3): 255 – 274.

[290] Block J. H. , Sandner P. G. Venture capital funding in the
middle of the year 2011: Are we back to precrisis boom levels? [J]. Strate-
gic Change: Briefings in Entrepreneurial Finance, 2011, 20 (5 – 6):
161 – 169.

[291] Bloom N. , Griffith R. , Reenen J. V. Do R&D tax credits
work? Evidence from a panel of countries 1979 – 1997 [J]. Journal of Pub-
lic Economics, 2002, 85 (1): 1 – 31.

[292] Boldrin M. , Levine D. K. Rent-seeking and innovation [J].
Journal of Monetary Economics, 2004, 51 (1): 127 – 160.

[293] Bottazzi G. , Dosi G. , Lippi M. , et al. Innovation and corpo-

rate growth in the evolution of the drug industry [J]. International Journal of Industrial Organization, 2001, 19 (7): 1161 – 1187.

[294] Braga H., Willmore L. Technological imports and technological effort: An analysis of their determinants in Brazilian firms [J]. Journal of Industrial Economics, 1991, 39 (4): 421 – 432.

[295] Branstetter L. G., Sakakibara M. When do research consortia work well and why? Evidence from Japanese panel data [J]. American Economic Review, 2002, 92 (3): 143 – 159.

[296] Brealey R., Leland H. E., Pyle D. H. Informational asymmetries, financial structure, and financial intermediation [J]. The Journal of Finance, 1977, 32 (2): 371 – 387.

[297] Broadstock D. C., Matousek R., Meyer M., Tzeremes N. G. Does corporate social responsibility impact firms' innovation capacity? The indirect link between environmental social governance implementation and innovation performance [J]. Journal of Business Research, 2019 (7): 14 – 32.

[298] Brown J. R., Fazzari S. M., Petersen B. C. Financing innovation and growth: Cash flow, external equity, and the 1990s R&D boom [J]. The Journal of Finance, 2009, 64 (1): 151 – 185.

[299] Brown J. R., Martinsson G., Petersen B. C. Law, stock markets, and innovation [J]. The Journal of Finance, 2013, 68 (4): 1517 – 1549.

[300] Buchanan J. M. Rent seeking, noncompensated transfers, and laws of succession [J]. The Journal of Law & Economics, 1983, 26 (1): 71 – 85.

[301] Busom I. An empirical evaluation of the effects of R&D subsidies [J]. Economics of Innovation and New Technology, 2000, 9 (2): 111 – 148.

[302] Bérubé C., Duhamel M., Ershov D. Market incentives for business innovation: Results from Canada [J]. Journal of Industry, Com-

petition and Trade, 2012, 12 (1): 47 – 65.

[303] Cappelen A. , Raknerud A. , Rybalka M. The effects of R&D tax credits on patenting and innovations [J]. Research Policy, 2012, 41 (2): 334 – 345.

[304] Cappiello G. , Giordani F. , Visentin M. Social capital and its effect on networked firm innovation and competitiveness [J] . Industrial Marketing Management, 2020, 89: 422 – 430.

[305] Carboni O. A. R&D subsidies and private R&D expenditures: Evidence from Italian manufacturing data [J]. International Review of Applied Economics, 2011, 25 (4): 419 – 439.

[306] Carmichael C. M. The control of export credit subsidies and its welfare consequences [J]. Journal of International Economics, 1987, 23 (1 – 2): 1 – 19.

[307] Castellacci F. , Lie C. M. Do the effects of R&D tax credits vary across industries? A meta-regression analysis [J]. Research Policy, 2015, 44 (4): 819 – 832.

[308] Ceccagnoli M. Appropriability, preemption, and firm performance [J]. Strategic Management Journal, 2009, 30 (1): 81 – 98.

[309] Cerulli G. , Potì B. Evaluating the robustness of the effect of public subsidies on firms' R&D: An application to Italy [J]. Journal of Applied Economics, 2012, 15 (2): 287 – 320.

[310] Chan S. H. , Martin J. D. , Kensinger J. W. Corporate research and development expenditures and share value [J]. Journal of Financial Economics, 1990, 26 (2): 255 – 276.

[311] Chava S. , Oettl A. , Subramanian A. , et al. Banking deregulation and innovation [J]. Journal of Financial Economics, 2013, 109 (3): 759 – 774.

[312] Chen Z. , Liu Z. K. , Suárez S. , Juan C. , and Daniel Y. X. Notching R&D investment with corporate income tax cuts in China [J]. NBER Working Paper, No. w24749, 2018.

[313] Chen J. P. C. , Li Z. , Su X. , Sun Z. Rent-seeking incentives, corporate political connections, and the control structure of private firms: Chinese evidence [J]. Journal of Corporate Finance, 2011, 17 (2): 229 –243.

[314] Chen Z. , Liu Z. , Suárez Serrato J. C. , Xu D. Y. Notching R&D investment with corporate income tax cuts in China [J] . American Economic Review, 2021, 111 (7): 2065 –2100.

[315] Cho I. K. , Kreps D. M. Signaling games and stable equilibria [J] . The Quarterly Journal of Economics, 1987, 102 (2): 179 –221.

[316] Coase R. H. The nature of the firm [J] . Economica, 1937, 4, (16): 386 –405.

[317] Coles J. L. , Daniel N. D. , Naveen L. Managerial incentives and risk – taking [J] . Journal of Financial Economics, 2006, 79 (2): 431 –468.

[318] Connolly R. A. , Hirsch B. T. , Hirschey M. Union rent seeking, intangible capital, and market value of the firm [J]. The Review of Economics and Statistics, 1986, 68 (4): 567 –577.

[319] Cornaggia J. , Mao Y. , Tian X. , Wolfe B. Does banking competition affect innovation? [J]. Journal of Financial Economics, 2015, 115 (1): 189 –209.

[320] Cosci S. , Meliciani V. , Sabato V. Relationship lending and innovation: Empirical evidence on a sample of European firms [J]. Economics of Innovation and New Technology, 2016, 25 (4): 335 –357.

[321] Currim I. S. , Lim J. , Kim J. W. You get what you pay for: The effect of top executives' compensation on advertising and R&D spending decisions and stock market return [J]. Journal of Marketing, 2012, 76 (5): 33 –48.

[322] Czarnitzki D. , Hanel P. , Rosa J. M. Evaluating the impact of R&D tax credits on innovation: A microeconometric study on Canadian firms [J]. Research Policy, 2011, 40 (2): 217 –229.

[323] David P. A. , Hall B. H. , Toole A. A. Is public R&D a complement or substitute for private R&D? [J]. Research Policy, 2000, 29 (4 – 5): 497 – 529.

[324] David P. , O'Brien J. P. , Yoshikawa T. The implications of debt heterogeneity for R&D investment and firm performance [J]. Academy of Management Journal, 2008, 51 (1): 165 – 181.

[325] Delgado-Verde M. , Martin-de C. G. , Amores-Salvado J. Intellectual capital and radical innovation: Exploring the quadratic effects in technology-based manufacturing firms [J]. Technovation, 2016, 54: 35 – 47.

[326] Demsetz H. The cost of transacting [J]. Quarterly Journal of Economics, 1968, 82 (1): 33 – 53.

[327] Diamond D. , Verrecchia R. Disclosure, liquidity, and the cost of equity capital [J]. Journal of Finance, 1991, 46 (4): 1325 – 1359.

[328] Diamond D. W. Financial intermediation and delegated monitoring [J] . The Review of Economic Studies, 1984, 51 (3): 393 – 414.

[329] Dosi G. Sources, procedures, and microeconomic effects of innovation [J]. Journal of Economic Literature, 1988, 26 (3): 1120 – 1171.

[330] Eberhart A. , Maxwell W. , Siddique A. A reexamination of the trade off between the future benefit and riskiness of R&D increases [J]. Journal of Accounting Research, 2008, 46 (1): 27 – 52.

[331] Ellis J. A. , Fee C. E. , Thomas S. Proprietary costs and the disclosure of information about customers [J]. Journal of Accounting Research, 2012, 50 (3): 685 – 727.

[332] Fabiani S. , Sbragia R. Tax incentives for technological business innovation in Brazil: The use of the good law-lei do Bem [J]. Journal of Technology Management & Innovation, 2014, 9 (4): 53 – 63.

[333] Fan J. P. H. , Gillan S. L. , Yu X. Innovation or imitation?: The role of intellectual property rights protections [J] . Journal of Multina-

tional Financial Management, 2013, 23 (3): 208 – 234.

[334] Fang V. W. , Tian X. , Tice S. Does stock liquidity enhance or impede firm innovation? [J]. Journal of Finance, 2014, 69 (5): 2085 – 2125.

[335] Fazzari S. M. , Athey M. J. Asymmetric information, financing constraints, and investment [J]. The Review of Economics and Statistics, 1987, 69 (3): 481 – 487.

[336] Fombrun C. , Shanley M. What's in a name? Reputation building and corporate strategy [J]. Academy of Management Journal, 1990, 33 (2): 233 – 258.

[337] Foreman-Peck J. Effectiveness and efficiency of SME innovation policy [J]. Small Business Economics, 2013, 41 (1): 55 – 70.

[338] Freeman C. National systems of innovation: The case of Japan technology policy and economics performance-lessons from Japan [M]. London: Pinter Publishers, 1987.

[339] Fu Y. The impact of married couples on firm innovation: Evidence from Chinese family firms [J]. Finance Research Letters, 2020, 33: 101 – 220.

[340] Gennaioli N. , La Porta R. , Lopez-de-Silanes F. Human capital and regional development [J]. The Quarterly Journal of Economics, 2012, 128 (1): 105 – 164.

[341] Gharbi S. , Sahut J. M. , Teulon F. R&D investments and high-tech firms' stock return volatility [J]. Technological Forecasting and Social Change, 2014, 88: 306 – 312.

[342] Gilbert R. J. , Newbery D. M. G. Preemptive patenting and the persistence of monopoly [J]. The American Economic Review, 1982: 514 – 526.

[343] Gill I. S. , Kharas H. Back in the Fast Lane: As members of the middle – income country club, East Asian nations may need to update their growth strategy [J]. Finance & Development, 2007, 44 (1):

3 – 59.

[344] González X, Pazó C. Do public subsidies stimulate private R&D spending? [J]. Research Policy, 2008, 37 (3): 371 – 389.

[345] Grabowski H. G, Mueller D. C. Industrial research and development, intangible capital stocks, and firm profit rates [J]. The Bell Journal of Economics, 1978, 9 (2): 328 – 343.

[346] Gray E. R., Balmer J. M. T. Managing corporate image and corporate reputation [J]. Long Range Planning, 1998, 31 (5): 695 – 702.

[347] Greenwald B. C., Stiglitz J. E. Externalities in economies with imperfect information and incomplete markets [J]. The Quarterly Journal of Economics, 1986, 101 (2): 229 – 264.

[348] Griffith R., Redding S., Reenen J. V. Mapping the two faces of R&D: Productivity growth in a panel of OECD industries [J]. Review of Economics and Statistics, 2004, 86 (4): 883 – 895.

[349] Griliches Z. Patent statistics as economic indicators: A survey [J]. Journal of Economic Literature, 1990, 28 (4): 1661 – 1707.

[350] Grossman G. M., Helpman E. Quality ladders in the theory of growth [J]. The Review of Economic Studies, 1991, 58 (1): 43 – 61.

[351] Guellec D., Van Pottelsberghe D., La Potterie B. The impact of public R&D expenditure on business R&D [J]. Economic Innovation New Technology, 2003, 12 (3): 225 – 243.

[352] Guo D., Guo Y., Jiang K. Government-subsidized R&D and firm innovation: Evidence from China [J]. Research Policy, 2016, 45 (6): 1129 – 1144.

[353] Görg H., Strobl E. The effect of R&D subsidies on private R&D [J]. Economica, 2007, 74 (294): 215 – 234.

[354] Hadlock C. J., Pierce J. R. New evidence on measuring financial constraints: Moving beyond the KZ index [J]. The Review of Financial Studies, 2010, 23 (5): 1909 – 1940.

[355] Hall B. H. The stock market's valuation of R&D investment during the 1980's [J]. The American Economic Review, 1993, 83 (2): 256 – 264.

[356] Hall B., Van Reenen J. How effective are fiscal incentives for R&D? A review of the evidence [J]. Research Policy, 2000, 29 (4 – 5): 449 – 469.

[357] Herrera A. M., Minetti R. Informed finance and technological change: Evidence from credit relationships [J]. Journal of Financial Economics, 2007, 83 (1): 223 – 269.

[358] Himmelberg C. P., Petersen B. C. R&D and enternal finance: A panel study of small firms in high-tech industries [J]. Review of Economics and Statistics, 1994, 76 (1): 38 – 51.

[359] Hirshleifer D., Low A., Teoh S. H. Are overconfident CEOs better innovators? [J]. The Journal of Finance, 2012, 67 (4): 1457 – 1498.

[360] Holemans B., Sleuwaegen L. Innovation expenditures and the role of government in Belgium [J]. Research Policy, 1988, 17 (6): 375 – 379.

[361] Hsu P. H., Xuan T., Yan X. Financial development and innovation: Cross-country evidence [J]. Journal of Financial Economics, 2014, 112 (1): 116 – 135.

[362] Huang Z., Li L., Ma G., et al. Hayek, local Information, and commanding heights: Decentralizing state-owned enterprises in China [J]. Social Science Electronic Publishing, 2017, 107 (8): 2455 – 2488.

[363] Inoue E. Environmental disclosure and innovation activity: Evidence from EU corporations [J]. Discussion papers e – 16 – 012, Graduate School of Economics, Kyoto University, 2016.

[364] Jensen M. C., Meckling W. H. Theory of the firm: Managerial behavior, agency costs and ownership structure [M]. Farnham, England Burlington, VT: Gower, 2019: 77 – 132.

［365］JieJackHe H. , Tian X. The dark side of analyst coverage: The case of innovation ［J］. Journal of Financial Economics, 2013, 109 （3）: 856 - 878.

［366］Jones C. I. , Williams J. C. Measuring the social return to R&D ［J］. The Quarterly Journal of Economics, 1998, 113 （4）: 1119 - 1135.

［367］Jung J. , Mina C. , Lee J. H. An analysis of the effect of regional innovation on regional industrial structure and regional economic fluctuations ［J］. Journal of the Korean Society of Urban Geography, 2019, 22 （1）: 149 - 161.

［368］Kane A. , Lee Y. K. , Marcus A. Earnings and dividend announcements: Is there a corroboration effect? ［J］ . The Journal of Finance, 1984, 39 （4）: 1091 - 1099.

［369］Kang K. N. , Park H. Influence of government R&D support and inter-firm collaborations on innovation in Korean biotechnology SMEs ［J］. Technovation, 2012, 32 （1）: 68 - 78.

［370］Keynes J. M. The general theory of employment, interest and money ［M］ . New York: Polygraphic Company of America, 1936.

［371］Khwaja A. I. , Mian A. Do lenders favor politically connected firms? Rent provision in an emerging financial market ［J］. The Quarterly Journal of Economics, 2005, 120 （4）: 1371 - 1411.

［372］Kim Y. K. , Lee K. , Park W. , Choo K. Appropriate intellectual property protection and economic growth in countries at different levels of development ［J］. Research Policy, 2012, 41 （2）: 358 - 375.

［373］Klappe R. L. , Laeven L. , Rajan R. Entry regulation as a barrier to entrepreneurship ［J］. Journal of Financial Economics, 2006, 82 （3）: 591 - 629.

［374］Kleer R. Government R&D subsidies as a signal for private investors ［J］. Research Policy, 2010, 39 （10）: 1361 - 1374.

［375］Krugman P. New theories of trade among industrial countries

[J]. The American Economic Review, 1983, 73 (2): 343 –347.

[376] La Porta R. , Lopez-de-Silanes F. , et al. Corporate ownership around the world [J] . Journal of Finance, 1999, 54 (2): 471 –517.

[377] Lach S. Do R&D subsidies stimulate or displace private R&D, evidence from Israel [J]. The Journal of Industrial Economics, 2002, 50 (4): 369 –390.

[378] Lach S. , Schankerman M. Dynamics of R&D and investment in the scientific sector [J] . Journal of Political Economy, 1989, 97 (4): 880 –904.

[379] Lee C. , Lee K. , Pennings J. M. Internal capabilities, external networks, and performance: A study on technology-based ventures [J]. Strategic Management Journal, 2001, 22 (6 –7): 615 –640.

[380] Lerner J. The government as venture capitalist: The long-run impact of the SBIR program [J]. The Journal of Private Equity, 2000, 3 (2): 55 –78.

[381] Lev B. , Sougiannis T. The capitalization, amortization, and value-relevance of R&D [J]. Journal of Accounting and Economics, 1996, 21 (1): 107 –138.

[382] Li D. Financial constraints, R&D investment, and stock returns [J]. The Review of Financial Studies, 2011, 24 (9): 2974 –3007.

[383] Li H. B. , Meng L. S. , Wang Q. , et al. Political connections, financing and firm performance: Evidence from Chinese private firms [J]. Journal of Development Economics, 2008, 87 (2) : 283 – 299.

[384] Liang X. , Lu X. , Wang L. Outward internationalization of private enterprises in China: The effect of competitive advantages and disadvantages compared to home market rivals [J]. Journal of World Business, 2012, 47 (1): 134 –144.

[385] Lichtenberg F. R. The relationship between federal contract R&D and company R&D [J]. The American Economic Review, 1984, 74 (2): 73 –78.

[386] Lichtenberg F. R. The effect of government funding on private industrial research and development: A reassessment [J]. The Journal of Industrial Economics, 1987, 36 (1): 97 –104.

[387] Lichtenthaler U., Ernst H. Innovation intermediaries: Why internet marketplaces for technology have not yet met the expectations [J]. Creativity and Innovation Management, 2008, 17 (1): 14 –25.

[388] Lin R. H., Xie Z. Y., Hao Y. H., Wang J. Improving high-tech enterprise innovation in big data environment: A combinative view of internal and external governance [J]. International Journal of Information Management, 2020 (50): 575 –585.

[389] Link A. N. An analysis of the composition of R&D spending [J]. Southern Economic Journal, 1982, 49 (2): 342 –349.

[390] Lintner J. Security prices, risk, and maximal gains from diversification [J]. The Journal of Finance, 1965, 20 (4): 587 –615.

[391] Liu D., Gong Y., Zhou J., Huang J. C. Human resource systems, employee creativity, and firm innovation: The moderating role of firm ownership [J]. Academy of Management Journal, 2017, 60 (3): 1164 –1188.

[392] Lokshin B., Mohnen P. Do R&D tax incentives lead to higher wages for R&D workers? Evidence from the Netherlands [J]. Research Policy, 2013, 42 (3): 823 –830.

[393] Lucas Jr. R. E. On the mechanics of economic development [J]. Journal of Monetary Economics, 1988, 22 (1): 3 –42.

[394] Mamuneas T. P., Nadiri M. I. Public R&D policies and cost behavior of the U. S. manufacturing industries [J]. Journal of Public Economics, 1996, 63 (1): 57 –81.

[395] Mansfield E., Rapoport J., Romeo A., Wagner S. Social and private rates of return from industrial innovation [J]. The Quarterly Journal of Economics, 1977, 91 (2): 221 –240.

[396] Mansfield E. Industrial research and technological innovation:

An econometric analysis [J]. New York: Norton, 1968.

[397] Mcclelland D. C. Toward a theory of motive acquisition [J]. American Psychologist, 1965, 20 (5): 321 – 333.

[398] Mcmillan J., Wood R. C. The central role of entrepreneurs in transition economies [J]. Journal of Economic Perspectives, 2002, 16 (3): 153 – 170.

[399] Meuleman M., Maeseneire W. D. Do R&D subsidies affect SMEs' access to external financing? [J]. Research Policy, 2012, 41 (3): 580 – 591.

[400] Meyer J. W., Rowan B. Institutionalized organizations: Formal structure as myth and ceremony [J]. American Journal of Sociology, 1977, 88 (2): 340 – 363.

[401] Milgrom P., Roberts J. Predation, reputation, and entry deterrence [J]. Journal of Economic Theory, 1982, 27 (2): 280 – 312.

[402] Mortensen D. T., Pissarides C. A. Job creation and job destruction in the theory of unemployment [J]. The Review of Economic Studies, 1994, 61 (3): 397 – 415.

[403] Mukherjee A., Singh M., Aldokas A. Do corporate taxes hinder innovation? [J]. Journal of Financial Economics, 2017, 124 (1): 195 – 221.

[404] Murphy K. M., Shleifer A., Vishy R. Why is rent-seeking costly to growth? [J]. American Economic Review, 1993, 83 (2): 409 – 414.

[405] Musacchio A., Lazzarini S. G., Aguilera R. V. New varieties of state capitalism: Strategic and governance implications [J]. Academy of Management Perspectives, 2015, 29 (1): 115 – 131.

[406] Nanda R., Rhodes-Kropf M. Investment cycles and startup innovation [J]. Journal of Financial Economics, 2013, 110 (2): 403 – 418.

[407] OECD. Public support for business R&D, in business innova-

tion policies: Selected country comparisons [R]. 2011.

[408] Pakes A. On patents, R&D, and the stock market rate of return [J]. Journal of Political Economy, 1985, 93 (2): 390 –409.

[409] Pakes A. , Nitzan S. Optimum contracts for research personnel, research employment, and the establishment of "rival" enterprises [J]. Journal of Labor Economics, 1983, 1 (4): 345 –365.

[410] Pang C. J. , Wang Y. Stock pledge, risk of losing control and corporate innovation [J]. Journal of Corporate Finance, 2020, 34 (60): 101 –134.

[411] Peterson R. A. , Jeong J. Exploring the impact of advertising and R&D expenditures on corporate brand value and firm-level financial performance [J]. Journal of the Academy of Marketing Science, 2010, 38 (6): 677 –690.

[412] Pettit R. R. Dividend announcements, security performance, and capital market efficiency [J] . The Journal of Finance, 1972, 27 (5): 993 –1007.

[413] Pfeffer J. , Salancik G. R. A resource dependence perspective [M]. Cambridge: Cambridge University Press, 1978.

[414] Pigou A. C. Some problems of foreign exchange [J] . The Economic Journal, 1920, 30 (120): 460 –472.

[415] Plumlee M. , Brown D. , Hayes R. M. , et al. Voluntary environmental disclosure quality and firm value: further evidence [J]. Journal of Accounting and Public Policy, 2015, 34 (4): 336 –361.

[416] Rogan M. , Mors M. L. A network perspective on individual-level ambidexterity in organizations [J]. Organization Science, 2014, 25 (6): 1860 –1877.

[417] Romer P. M. Endogenous technological change [J] . Journal of Political Economy, 1990, 98 (5, Part 2): S71 –S102.

[418] Ross S. A. The determination of financial structure: The incentive – signalling approach [J]. The Bell Journal of Economics, 1977: 23 –

40.

[419] Say J. B. A Treatise on Political Economy or the Production, Distribution and Consumption of Wealth [M]. New York: A. M. Kelley Publishers, 1803.

[420] Schmookler J., Brownlee O. Determinants of inventive activity [J]. American Economic Reviews, 1962, 52 (2): 165–176.

[421] Schumpeter J. Creative destruction [J]. Capitalism, Socialism and Democracy, New York: Harper, 1942, 82–85.

[422] Shen X., Lin B. Policy incentives, R&D investment, and the energy intensity of China's manufacturing sector [J]. Journal of Cleaner Production, 2020, 255: 1–10.

[423] Shortridge R. T. Market valuation of successful versus non-successful R&D efforts in the pharmaceutical industry [J]. Journal of Business Finance & Accounting, 2004, 31 (9–10): 1301–1325.

[424] Shrieves R. E. Market structure and innovation: A new perspective [J]. The Journal of Industrial Economics, 1978, 26 (4): 329–347.

[425] Smith A. An inquiry into the nature and causes of the wealth of nations: Volume One [M]. London: Printed for W. Strahan and T. Cadell, 1776.

[426] Solow R. M. A contribution to the theory of economic growth [J]. Quarterly Journal of Economics, 1956, 70 (1): 65–94.

[427] Spence M. Cost reduction, competition and industry performance [J]. Econometric, 1984, 52 (1): 101–121.

[428] Stewart J., Hyysalo S. Intermediaries, users and social learning in technological innovation [J]. International Journal of Innovation Management, 2008, 12 (3): 295–325.

[429] Stiglitz J. E. Markets, market failures, and development [J]. The American Economic Review, 1989, 79 (2): 197–203.

[430] Szewczyk S. H., Tsetsekos G. P., Zantout Z. The valuation of corporate R&D expenditures: Evidence from investment opportunities and

free cash flow [J]. Financial Management, 1996, 25 (1): 105 – 110.

[431] Tian X. , Wang T. Y. Tolerance for failure and corporate innovation [J]. The Review of Financial Studies, 2014, 27 (1): 211 – 255.

[432] Veronica S. , Alexeis G. P. , Valentina C. , Elisa G. Do stakeholder capabilities promote sustainable business innovation in small and medium-sized enterprises? Evidence from Italy [J]. Journal of Business Research, 2019, 67 (6): 25 – 45.

[433] Vines C. C. , Moore M. L. US tax policy and the location of R&D [J]. The Journal of the American Taxation Association, 1996, 18 (2): 74.

[434] Wallsten S. J. The effects of government-industry R&D programs on private R&D: The case of the small business innovation research program [J]. The RAND Journal of Economics, 2000, 31 (1): 82 – 100.

[435] Wei C. Y. , Hu S. Y. , Chen F. Do political connection disruptions increase labor costs in a government-dominated market? Evidence from publicly listed companies in China [J]. Journal of Corporate Finance, 2020, 56 (62): 215 – 254.

[436] Woolridge J. R. , Snow C. C. Stock market reaction to strategic investment decisions [J]. Strategic Management Journal, 1990, 11 (5): 353 – 363.

[437] Xin K. K. , Pearce J. L. Guanxi: Connections as substitutes for formal institutional support [J]. Academy of Management Journal, 1996, 39 (6): 1641 – 1658.

[438] Xu B. , Chen X. , Wang Y. A new dynamic classification of enterprises for implementing precise industrial policies [J]. Journal of Business Research, 2020, 118 (9): 463 – 473.

[439] Yang C. H. , Huang C. H. , Hou T. C. T. Tax incentives and R&D activity: Firm – level evidence from Taiwan [J]. Research Policy, 2012, 41 (9): 1578 – 1588.

［440］Yang T. , Xing C. , Li X. Evaluation and analysis of new-energy vehicle industry policies in the context of technical innovation in China ［J］. Journal of Cleaner Production, 2020, 281 (4): 125 - 126.

［441］Yao Y. , Zhang M. Subnational leaders and economic growth: Evidence from Chinese cities ［J］. Journal of Economic Growth, 2015, 20 (4): 405 - 436.

［442］Yu F. , Guo Y. , Le-Nguyen K. , et al. The impact of government subsidies and enterprises' R&D investment: A panel data study from renewable energy in China ［J］. Energy Policy, 2016, 89: 106 - 113.

［443］Zahra S. A. , Das S. R. Innovation strategy and financial performance in manufacturing companies: An empirical study ［J］. Production and Operations Management, 1993, 2 (1): 15 - 37.

［444］Zeng S. X. , Xie X. M. , Tam C. M. Relationship between cooperation networks and innovation performance of SMEs ［J］. Technovation, 2010, 30 (3): 181 - 194.

［445］Zhang Y. , Liu C. , Wang T. Direct or indirect? The impact of political connections on export mode of Chinese private enterprises ［J］. China Economic Review, 2020, 68 (61): 281 - 555.

［446］Zhao X. , Lynch J. G. , Chen Q. Reconsidering Baron and Kenny: Myths and truths about mediation analysis ［J］. Journal of Consumer Research, 2010, 37 (2): 197 - 206.

［447］Zheng Y. , Zhu Y. Bank lending incentives and firm investment decisions in China ［J］. Journal of Multinational Financial Management, 2013, 23 (3): 146 - 165.

［448］Zucker L. G. , Darby M. R. Star scientists, innovation and regional and national immigration ［M］. Cheltenham: Edward Elgar Publishing, 2009.

［449］Zúñiga-Vicente J. Á. , Alonso-Borrego C. , Forcadell F. J. , Galán J. I. Assessing the effect of public subsides on firm R&D investment: A survey ［J］. Journal of Economic Surveys, 2014, 28 (1): 36 - 67.